Axel Krüger

# ALBUM

Kurzprosa

D1919096

ZWIEBOOK

# IMPRESSUM

ZWIEBOOK – DA HAB ICH BOCK DRAUF!
**1. Auflage:** September 2015

© zwiebook (Ein Imprint des Dresdner Buchverlages)
Weimarische Str. 7
01127 Dresden
www.zwiebook.de • kontakt@zwiebook.de

Alle Rechte vorbehalten, insbesondere das der Übersetzung, des öffentlichen Vortrags sowie der Übertragung durch Rundfunk und Fernsehen. Kein Teil des Werkes darf in irgendeiner Form (durch Fotografie, Mikrofilm oder andere Verfahren) ohne schriftliche Genehmigung des Verlages reproduziert oder unter Verwendung elektronischer Systeme verarbeitet, vervielfältigt oder verbreitet werden.

**Urheberrecht an den Texten:** Axel Krüger
**Cover/Layout:** Jörg Hausmann • www.heizfrosch-werbung.de
**Satz:** zwiebook
**Druck und Bindung:** UAB BALTO Print

**ISBN: 978-3-943451-18-4**

Axel Krüger

# ALBUM

Kurzprosa

# INHALTSVERZEICHNIS

*Für alle, die es schon*
*so lange mit mir aushalten.*
*Ihr seid sehr tapfer.*

# FEGEFEUERFLATRATE

Lieber Gott, alter Freund, was war mein Leben bisher trist. Da gehe ich ab und an mit dir eine Runde um unseren Häuserblock. Wir besprechen ein paar entscheidende Entwicklungen für die zukünftige Weltgeschichte. Du erklärst mir kichernd den Trick mit dem sogenannten *Urknall*. Und ich tappe gnadenlos in die Eitelkeitsfalle. „Boah, hat der Beziehungen!", raunen die Menschen hinter den Kirchensäulen und zeigen mit zittrigen Fingern nach oben. Ich gönne Gott den kleinen Ruhm. Aber ich, ich will mehr.

Deswegen habe ich jetzt eine Fegefeuerflatrate. Exklusives Ding. Wie eine Bahncard 1000. Nur ohne diese furchtbar vernuschelten Ansagen. Freie Fahrt auf allen Abwegen. Die Tore zum Bösen öffnen sich mir mit lautem Getöse. Ich nehme jetzt Tempo auf. Bleibt bloß zurück, ihr Entschleunigungsprediger! Eine freundliche Maschinengewehrsalve zum Abschied gibt es von mir für alle Work-Live-Balance-Akrobatiker mit den müsligefüllten Klangschalen-Mantras in ihren Tempeln des ewigen Lächelns. Eure aufgetaute Gutmenschlichkeit riecht nach beigefarbenen Sicherheitsschlüpfern. Ich will das nicht mehr. Ich will mehr.

Ich will, dass die Dinge beim Fallen Geräusche machen, schon in der Luft. Laute Geräusche. Die leisen schenke ich der FDP. Ich will, dass wir endlich den Mut haben, unsere Arbeitslosen zu den Löwen zu schicken. Bei den Löwen hätten sie eine echte Chance. In den Mühlen einer sich selbst ja nur aus der Not der Menschen nährenden Arbeitsverwaltung haben sie die nicht. Und Menschen, die keine Chance haben, Menschen, die den vergifteten Mehltau der Achtlosigkeit mit von *McDonald's* gespendeten Löffeln fressen, das sind gefährliche Menschen. Die laufen dem nächstbesten Zausel nach, egal, ob der geklaut, betrogen und mit Koks gehandelt hat. Die will ich nicht, die gefährdeten Menschen. Ich will schöne, freie, aufrecht stehende Menschen. Die will ich. Ich will mehr.

Ich weiß nicht, was ich tun soll, um endlich mehr zu bekommen. Ich habe ja das *Görlitzer Meer* vor der Tür, aber es heißt doch nur *Berzdorfer See*. Ich hätte gerne Wärme. Ich habe ja nichts gegen Wärme. Aber kommt die nicht aus Afrika in einem lecken Boot? Da nehme ich dann doch lieber den Permafrost, der aus der Tundra direkt über den schmalen Mecklenburger Zivilisationsstreifen zu uns kommt.

Permafrust ist prima. Das klingt ein bisschen nach PEGIDA und irgendwie nach tausend langen Jahren. Von *Bofrost* wird mir immer schlecht. Das kann an Sachsen liegen, wo man Bofrost von einem kalten Arsch sprachlich nicht unterscheiden kann. Ich weiß, ich müsste das Zeug nur erwärmen in der Mikrowelle, dann wär's schon besser. Aber ich habe keine Mikrowelle. Ich will ja mehr. Mikrowellen überlass ich den menschlichen Mikroben, ich will auf Walen fliegen und auf entfernten Sternen Dosenkicker spielen wie der kleine Lord.

Ich will mehr, immer mehr. Ich will endlich japanische Touristen, die nicht fotografieren. Ich will, dass mit einem Schlag alle Handys explodieren und die Menschen bedingungslos miteinander kopulieren. Ich will mehr Baustellen auf Bundesautobahnen und mehr Ausrufezeichen. Ausrufezeichen, richtig eingesetzt, sind in der Lage, die Welt zu retten. Da müssen wir gar nichts weiter tun. Die muss man nur setzen. Und setzen – setzen soll sich auch der Giselher. Ihr alle kennt ihn nicht, man kann ihn nicht sehen, ihr könnt ihn nicht sehen, denn dieser Giselher ist ein in Amtsstuben gärender Hefeteig und der fiebrige Beweis, dass keineswegs in jedem Menschen eine Sonne scheint, die man nur zum Leuchten bringen muss.

Wenigstens das will ich nicht mehr.

# ALLES BESSER

Als ich ein kleiner Junge war, da trug ich Glitzerhosen. Als ich ein kleiner Junge war, da hatt' ich grünes Haar. Als ich ein kleiner Junge war, da rollte ich im Dreck. Als ich ein kleiner Junge war, da träumte ich mich weg.

Heute bin ich ein alter Junge und denke oft bei mir, wie furchtbar das alles war, damals. Und wundere mich sehr darüber, wie ich die schweren Zeiten überleben konnte. Menschen, die im Nachhinein ihre Kindheit verklären, das sind doch Menschen mit schwelendem Gedächtnisbrand. Oder Menschen, denen es im Hier und Jetzt so scheiße geht, dass selbst das Tragen von kratzenden Stoffhosen ihnen wie ein Bad in Eselsmilch erscheint. Das erklärt, warum vor allem getrennt lebende mittelalte Frauen so gerne den Blick zurück auf den vermeintlich wohlriechenden Komposthaufen ihrer Entwicklung werfen.

Früher war gar nichts besser. Früher gab es unter anderem ganz grausames Essen. Dem Essen von früher fehlte grundsätzlich Salz und meistens Pfeffer. Von heute selbst in Neonazi-Kreisen anerkannten Köstlichkeiten wie Knoblauch, Chili oder gar Cayenne-Pfeffer ganz zu schweigen. Dazu war vor allem das Gemüse nicht selten widerlich bitter und für einen empfindsamen Kindermund völlig ungeeignet. Menschen, die heutzutage diesem faden Fraß nachtrauern – und das sind erstaunlich viele Menschen –, können, möchte ich mal behaupten, einfach nicht kochen.

Stundenlang haben wir unter Tränen auf den durchgekochten Fleischfasern herumgekaut, die uns gerne am heiligen Sonntag von unseren liebevoll lächelnden Müttern als besondere regionale Spezialität untergeschoben wurden.

Während die Väter schon lange mit einer an den Rändern leicht aufgerauten Wehrmachtsdecke über den Füßen dem Mittagsschlaf frönten, quoll uns die längst erkaltete mehlverklumpte Meerrettichsoße aus den Zahnzwischenräumen. Glücklich, wer einen Rauhaardackel im Hause hatte, dem man das eine oder andere fettdurchzogene Stück Hammelgulasch zuwerfen konnte.

Auch die jegliche Wahrheit verkleisternden Berichte von glühender Geschwisterliebe und untrennbaren Sandkastenfreundschaften sind nur ein kläglicher Versuch, unsere inzwischen gründlich gescheiterten Ehen und zerbrochenen Arbeitsverhältnisse zu übertünchen.

Meine wundervolle Schwester zum Beispiel hat mir im Alter des erwachenden Interesses an fremden Mädchen einmal anlasslos dermaßen schmerzvoll mit ihren damals schwer modischen Holzclogs in die Klöten getreten, dass ich für etwa zehn Jahre jeder weiblichen Person den schweren Schulranzen auf den Scheitel schlug, wenn sie sich mir geschlechtlich nähern wollte.

Ja, das tägliche Ballspielen auf den damals noch weitgehend autofreien Straßen unseres Viertels war ganz okay. Wir haben ja wirklich jede denkbare Ballsportart ausprobiert. Aber komm mir doch jetzt keiner mit dahintersteckenden pädagogischen Absichten. Heizungskosten wollten die vermutlich sparen zu Hause und elektrisches Licht oder uns schon mal abhärten für den kapitalistischen Endsieg im Kampf um die Wurst. So war das doch.

Wir hätten als Heranwachsende, von unserer gymnasialen Bildung berauscht, auch gerne mal verächtlich aufs *„Dschungelcamp"* gespuckt und uns wie heute über das Unterschichtenfernsehen lustig gemacht. Aber das gab es ja alles noch gar nicht. Nichts gab es, womit wir unseren Status hätten raushängen lassen können.

Heute ist alles besser. Essen besser, Getränke besser, amerikanische Nietenhosen besser. Gesellschaftliche Unterschiede – ein Traum. Auf die über uns schimpfen. Die unter uns verspotten. Den reiselustigen Afrikaner zurück ins Meer schubsen, auch wenn unser Opa einst selbst aus einem fremden Land ins Reich gereist ist. Aber das war halt eine andere Zeit. Heute ist alles besser.

# WIEDERKEHRER

Vermutlich fange ich vor Wut demnächst an zu rauchen. Ich weiß um die furchtbaren Risiken des Rauchens. Mattes, stumpfes Haar und unschöne Ascheresete auf meinem schwarzseiden lackierten Nachttischchen nehme ich billigend in Kauf. Was wird die Beigehfrau fluchen. Aber ich weiß andererseits eben auch um den Preis der Freiheit. Einer Freiheit, für die ich nicht im Herbst '89 unter großen Gefahren in einem gebrauchten Studenten-*Mercedes* nach Berlin gefahren bin, um sie jetzt auf dem Altar der Gutmeiner schächten zu lassen.

Durch Lungenkliniken und Leichenhallen ziehen sie in diesen Tagen, die Gutmeiner, und fotografieren, was der Teer hergibt. Aus ihren unappetitlichen Bildern machen sie dann kleine Aufkleberchen, die vermutlich von minderjährigen kambodschanischen Textilarbeiterinnen nach Feierabend auf für den Export nach Deutschland bestimmte Zigarettenschachteln gepappt werden. Um uns zu warnen. Denn Warnen liegt uns im Blut. Der erhobene Zeigefinger, die letzte Erektion des ergrauenden Kleinbürgers, das ist der Deutschen liebste Geste.

Ihr seid so dumm, ihr anderen Menschen, sagen die Gutmeiner. Grunzdumm – und daher müssen wir uns schützend vor euch werfen. Würfen wir uns nicht heldenhaft in eure Lebensbahn, ihr würdet auf der Stelle sterben. So dumm seid ihr, sagen sie und grinsen selbstzufrieden, wie nur Weltenretter grinsen. Und so kleben sie fleißig Schockbilder auf alles, was uns gefährlich werden könnte.

Man möchte vor lauter Dankbarkeit einen von den Grinsern von der Brücke schubsen. Nicht ohne ihm im Augenblick des Kippens ein Schockbild von Reinhold Messners Bruder – nach seinem tödlichen Bergunfall – in die Hand zu drücken.

Die Freiheit, die ich meine, ist eben auch die Freiheit, mich für das Falsche zu entscheiden. Ich will rauchen, saufen und aus einem Flugzeug springen, wenn mir danach ist. Noch kränker als der Tabak macht mich das Gift der guten Ratschläge von Leuten, die mir fern sind. Legt die Schlinge eurer Achtsamkeit doch bitte um den eigenen Hals. Meiner bleibt dreckig, aber frei.

Wenn meine Liebste mich bewahren will vor Unglück, kann ich sie gut verstehen. Sie will noch möglichst lange von meiner exzellenten Küche kosten. Warum eine mir unbekannte 62-jährige Yoga-Lehrerin aus der Nähe von Wanne-Eickel mich aber zwanghaft retten will, kann ich mir nicht erklären.

Was bleibt, ist ein Verdacht: Es handelt sich bei diesen Rettern um Wiedergänger. Untote. Die sind zurückgeschickt worden an der Himmelspforte. Und der Deiwel wollte die auch nicht haben. Jetzt sind sie dazu verdammt, mit Schockbildern den vollständigen Untergang der Erde herbeizuführen. Denn dann erst werden sie erlöst.

So macht die Sache Sinn. Die wollen uns Angst machen. Wer Angst hat, der bleibt liegen. Wer liegen bleibt, kann nicht viel tun. Der Rest erledigt sich dann von alleine.

Es wird nicht bei den Zigarettenschachteln bleiben. Ich sehe die nächsten Bilder schon vor mir. Von Säure zerfressene Magenwände auf appetitlichen Zitrusfrüchten.

Sich im Erstickungskampf windende Abschminkopfer auf unschuldigen Kosmetikwatte-Packungen. Und bis zur Unkenntlichkeit verkohlte Leichen auf höllisch scharfen Chilischoten.

Ich geh jetzt erst mal eine rauchen.

# IM MÄRZEN STEHT DIE SONNE TIEF

Es ist, was ich durchfahre, ein schönes, ein friedliches Land. Kleine, ordentlich gedeckte Häuschen ordnen links und rechts der großen Scheiben meinen Blick. Eine erstaunlich warme Märzensonne leckt den Fassaden die Winterscham ab wie eine Katzenmutter ihren Neugeborenen den schützenden Schleim.

Der Winter war wieder zu warm, eine Mückenplage ist zu erwarten, eine Plage von biblischem Ausmaß. Die Himmel werden sich verdunkeln im August. Das Getreide ist dann längst verdorrt auf hart gebackenen Feldern. Ein Trost, die Mücken werden auch die fressen, die endlich weggefressen werden müssen. Menschen, die im Zug beharrlich mit der Zeitung rascheln, gehören unbedingt dazu.

Eine Zeitung, lieber raschelnder Mitreisender, eine Zeitung, so wie du sie in deinen wurstig dicken Fingern hältst, besteht im Wesentlichen aus Bildern, Anzeigen und einem kleinen bisschen Text. Betrachte, du Raschelclown, gerne mit Genuss die Bilder. Die nackte Schönheit hinten erinnert nur sehr entfernt an deine Gattin, das wird dir sicher gut gefallen. Stell dir nur vor, du wärst mit der verheiratet, die du da siehst. Es wäre doch ganz furchtbar, sie mit all den anderen zu teilen, die wie du die Welt mit Rascheln stören an einem sonnenreichen Tag. Bei deiner eigenen Frau, die dich heut Abend mit schmalen Lippen und der gleichen schlechten Laune wie stets erwartet, besteht die Sorge wahrlich nicht. Die brächtest du auf keinem Viehmarkt los.

Die Anzeigen betrachte auch genau, mein Freund. Sie zeigen dir, wo fetter Schweinebauch so billig ist, dass du dich reich bestücken kannst am *Supersamstag*, um dann zu grillen und dir vom Rost das fremde Leben einzuverleiben wie der Russe sich die Krim.

Bewahre dir die Zeitung klug, wenn du sie ausgeraschelt hast. Nichts reinigt einen Grill so gut wie Druckerschwärze, hab ich in einem Haushaltsbuch gelesen. Ich lese Haushaltsbücher gern. Sie sind mir Hinweis, dass nicht nur ich nicht weiß, wie man die Scheiben rein bekommt, sobald die tiefe Märzensonne sticht.

Dann noch der Text, das Schwierigste. Lies nicht zu viel davon. Schon gar nicht Politik. Politik ist nur etwas für naive Menschen – und du, du bist doch nicht naiv. Kein X lässt für ein U du dir an die selbst geklaute Pinnwand im Partykeller deines Lebens nageln. Was fühltest du dich mutig bei diesem unbemerkten Diebstahl aus dem drittklassigen Hotel im Mansfelder Land. Nie wieder würdest du, so hast du dir geschworen, zu einer Verkäuferschulung fahren, wenn die Unterkunft nicht mindestens zwei Sterne hat.

Naive Menschen, das sind die, die an Demokratie und den Zauber von Gedichten glauben. Du glaubst da lieber an die Wirkung einer Schelle von Zeit zu Zeit für deinen Sohn, der in deinen Augen nicht ganz dicht ist. Tänzer will der werden. Vermutlich schwul, wer weiß, was noch.

Lies immer Sport und gerne auch Vermischtes. Verruchte Prominenz, verfluchte Fußball-Millionäre, paralympische Skisprung-Versager – da hast du allerhand zu schimpfen und musst dich nicht um Syrien sorgen.

Kurz schrecke ich auf. „Darf's hier etwas sein an Tee, Kaffee, Kaltgetränken, Snacks diverser Art?", singt ein südländisch aussehender Mann nun schon zum dritten Mal und zieht dabei ein verdächtiges Wägelchen hinter sich her.

Ich lege möglichst unauffällig die rechte Hand auf meine Brieftasche und bete, dass die Bombe erst ein paar Waggons hinter mir gezündet wird. Vielleicht, so blitzt es in mir auf, sollte ich ja mal dringend ein strenges Wörtchen mit meinen Vorurteilen reden. Doch gleich verdunkelt der Gedanke wieder.

Einem Menschen, der unaufhörlich mit der Zeitung raschelt, während im Zug drei Sitze vor ihm große Literatur geboren wird, ist alles zuzutrauen. Wenn der sich gleich auch noch die Nägel knipst, dann bringe ich ihn um.

# BANANABLUES

Nachdenklich, wie stets zu Jahresbeginn, während der Fastenzeit, um Ostern herum, sobald die Sommerwiesen blühen und dann über den langen Herbst hinweg, sitze ich mit starkem Kaffee an meinem Küchentisch, pule den Aufkleber von einer *Chiquita*-Banane und klebe ihn mir auf die Stirn.

Um mich herum kriegen alle Leute permanent Kinder, wenn sie nicht gerade ein Haus bauen und Bäume fällen. Ich selbst würde niemals einen Baum fällen. Ich möchte aus tiefster Seele heraus keiner Kreatur Schmerzen zufügen, die dabei nicht wenigstens in der Lage ist, herzzerreißend zu schreien.

Anstatt ein ordentliches Haus zu bauen, warte ich seit Monaten wie gelähmt, aber bisher völlig vergebens auf einen dieser versprochenen rumänischen Bulgaren, der mir endlich meine Arbeit wegnimmt. Ist die Sache mit dem angeblichen *Sozialtourismus* denn auch wieder nur ein leeres Politikerwort, um die Menschen in unserem bräsigen Land voller akademisch gebildeter Radikalmülltrenner mit einer matt glimmenden Hoffnungslaterne in den dunklen Abgrund zu locken?

Meine Kinder, die genetisch unausweichlich ihr Studium der Quantenphysik vorfristig mit Bestnote abschließen würden, sie könnten ja gar nichts anderes, als solche sozial fragwürdigen Mülltrennmonster zu werden. Beobachtungen an deutschen Müllsammelplätzen haben gezeigt, dass in der Regel nur Personen mit weit unterdurchschnittlichem Bildungsgrad frohen Herzens wild vermischten Müll in reißfesten Plastiksäcken, mit einem „Hol's der Teufel!" auf den Lippen in die Biotonne werfen. Da möchte man doch in Ghana leben.

Bleibt die Sache mit der Banane.

Ein gedankenloses Vergnügen? Ausdruck meiner Nichtachtung vor den unerfüllten Wünschen der im real existierenden Sozialismus unter brutalsten Bedingungen Aufgewachsenen? Hier, wo jede zweite junge Frau als Pionierleiterin noch vor dem Fahnenappell früh um 5.30 Uhr parallele Töpfchenbefüllung absolvieren musste, während die andere Hälfte halb nackt beim Tischtennisspiel mit dem Staatsratsvorsitzenden für die Titelseite des begehrten „*Magazins*" abgelichtet wurde?

Keineswegs. Nichts weniger als den Weltfrieden habe ich im Sinn mit meinem lautlosen Protest. *Chiquita*, du vom bösen Blick gebrandmarkter Bannerträger der Unterdrückung in den ärmsten Regionen der bananenerzeugenden Welt. Du willst dich mit deinen verlogenen Vitaminen in mein Verdauungssystem schleichen? Aber ich will mir nicht vorwerfen lassen, dass blutbefleckte Früchte aus zarter Kinderarbeitshand meinen Stuhl haben weich werden lassen. Lieber nehme ich Kohletabletten und leide hart am stillen Ort.

Wir mit den Bananenaufklebern auf der Stirn, wir sind die todbringenden Taliban der Schlankwahnindustrie. Das liest sich schon Mal flüssig und muss jetzt nur noch ideologisch aufgerüstet werden. Eine Aufgabe, für die sich von-der-Leyen'sche Teilzeitsoldaten an ihren freien Nachmittagen glänzend empfehlen würden.

Das junge Jahr, es fängt gut an. Mit einem dreckigen Lachen ziehe ich der Banane genüsslich ihre eng anliegende Schale vom Leib, bis sie in unschuldiger Anmutung nackt und glänzend in meiner Hand liegt. Ich weide mich nur kurz an der Angst, die sie aussteht, als ich meine vom Nikotin gelb verfärbten Zähne fletsche. Dann öffne ich den Wertmüllsack und vollbringe eine böse Tat.

# ÜBERGANGSZEIT

Es geht auf Ostern zu. Also ist Frühlingszeit. Die Zeit für Übergangsjacken.

Nicht vieles auf der Welt – abgesehen vom Geruch verbrannter Gliedmaßen in einer nahe Cloppenburg gelegenen Müllverbrennungsanlage – erscheint mir so von Herzen abstoßend wie das schwiemelige Wort „*Übergangsjacke*". Es gibt an dem einen Ende der Geschmacksskala hinreißend schöne Jacken. Und es gibt auf der anderen, der bösen Seite senffarbene Cordjacken für halb linke Junglehrer, um den textilen Spagat nicht über die Schmerzgrenze auszudehnen. Dabei könnte man dies, die schmerzhafte Ausdehnung, leichthin, erwähnte man jenes modische Utensil, welches auf sachsen-anhaltinischen Jugendweihe-Veranstaltungen nach wie vor gerne getragen wird.

In den hippen Farbgebungen Brombeer-Rost-Rosé oder Aubergine-Petrol sorgt es für Langzeittraumatisierungen junger sachsen-anhaltinischer Menschen und kann bei der gerichtlichen Verhandlung von daraufhin im späteren Leben begangenen Offizialdelikten strafmildernd angeführt werden.

Wie kommt, fragt sich der Leser, ein für sein sanftmütiges Wesen und die tunlichste Umfahrung ekelerregender Situationen bekannter Autor eigentlich auf eine nahe Cloppenburg gelegene Müllverbrennungsanlage? Und wer lässt zu, dass dort neben entleerten und ausgespülten Magermilchtüten Gliedmaßen herumliegen? Hier spielt, so schießt es einem ein wie Milch bei frischen Müttern, die ungeheuer reiche Fantasie des Schreibenden eine heitere erste Geige. Problemlos turnt er, der feine Autor, wie ein stark emotional engagiertes Eichhörnchen im Stadtwald von Paderborn von einem literarischen Ästchen zum nächsten, hangelt sich mit dem kleinen Finger seiner linken Hand unter den rasend schnell ziehenden Wolken eines gigantischen Gedankenuniversums entlang und lässt so neue Welten rascher entstehen und vergehen als Gott persönlich, der ihm das, beleidigt in der Ecke sitzend, übel nimmt. Aber war es nicht eben jener leberwurstige Gott, der Übergangsjacken zugelassen hat?

Ha, hör ich da die Pfaffen lachen, da ist er wieder, der billige Versuch, Gott die Verantwortung für alles Elend auf der Welt zuzuschieben. Mitnichten, erwidere ich mit entzündeter Zornesfalte. Kriege, Artensterben und akuter Pilzbefall in unzureichend gelüfteten Duschkabinen verantwortet der Mensch wohl alleine. Ich bin der Jesus der kleinen Fehlbarkeiten. Mein Herz ist offen für alle Verrückten, für die Einsamen und die Beladenen. Ich liebe Altrocker und Jenseitsforscher, träumende Engel, bulgarische Handwerker, Bordellbetreiber mit Schillers Werkausgabe auf dem Nachtschränkchen und alle dreibeinigen Hunde. Wer jedoch Übergangsjacken schneidert oder in Umlauf bringt, der wurde, daran gibt es keinen Zweifel, vom Allmächtigen persönlich mit einem Maß an Obszönität und krimineller Energie ausgestattet, die alles Menschliche übersteigt. Den will ich nicht mögen.

Irgendwann aber ist der längste Frühling vorbei. Dann kommt der schöne Sommer und ich werde die Stadt Köln besichtigen. Ein ehrbarer Kölner Metzgermeister hat neulich nach wütendem Protest muslimischer Jugendlicher ein seit dreißig Jahren in seiner Auslage beheimatetes Pappschwein entfernt. Aus, wie es in einer Pressemitteilung der Kölner Polizei lautete, Rücksicht auf die religiösen Gefühle der dunkelhäutigen Rasselbande. Vielleicht haben ihn auch die Butterfly-Messer beeindruckt, die die netten jungen Leute nach Polizeiangaben bei sich trugen.

In einer Stadt, in der Metzger dreißigjährige Pappschweine aus den Auslagen entfernen, scheint noch manches Abenteuer auf mich zu warten. Ich freue mich schon sehr.

# SCHUHE BINDEN

Ich habe mir vor einigen Tagen, es muss kurz nach dem Frühstück gewesen sein, die Schuhe geschnürt. Genau genommen, waren es die Schnürsenkel, die ich schnürte. Also, zusammenband. Aber nicht beide zusammen, wie manch einer jetzt womöglich denkt. Jeden für sich alleine. An den Enden. Oben. Schuhaufwärts betrachtet. Alle weiteren nervenaufreibenden Details dieser Aktion beschließe ich als Roman niederzuschreiben. Einen Arbeitstitel habe ich schon: *„Der fast Hundertjährige, der sich die Schuhe band und verschwand“*.

Einst, als ich noch jünger war, damals, kurz nach der bedingungslosen Kapitulation des Deutschen Reiches, war ich von einer irren Leidenschaft getrieben. Neues, Unerhörtes wollte ich erzählen. Geschichten mit bizarrem Personal sollten an Orten spielen, so fremd, dass selbst der wachste Geist sich in ihnen verirren müsste. Heute, knappe einhundert Jahre später, beginnt mir zu dämmern, wie falsch das war. Die Leute wollen so etwas nämlich gar nicht lesen. Und das kann ich gut verstehen. Das Leben ist schon dermaßen kompliziert und gegen Ende regelrecht verwirrend – da darf es doch bitte schön auch einfach mal was Einfaches sein.

Ich gebe euch jetzt *einfach*. Ich werde ab sofort zum lächelnden Gott der Banalität. Zum vielfach verehrten Küchenmeister für schnell verdaute Belanglosigkeiten.

Es geht los:

Als ich mir neulich die Schuhe band, saß ich – wie immer kurz nach dem Frühstück – auf dem …

Nein, das kann ich nicht. Aber Charles Bukowski hat doch auch preisgekrönte Zeilen über Toilettennutzung geschrieben.

Wie ich da also sitze – ich bin auf nachdrücklichen Wunsch meiner Gattin ein Sitzendscheißer –, wie ich da also sitze …

Ah, jetzt ist es raus, jetzt rutscht die Geschichte langsam in die richtige Richtung, immer am Rand des Fallrohres entlang auf die schmierige Straße des Erfolges. Ich blättere also im Kulturteil der *Neuen Zürcher Zeitung*. Haha, nur ein Trick, keine Sorge. Es war *Die Aktuelle* und ein im Kern boshafter Bericht über Helene Fischer, die mit Til Schweiger nach einer Fernsehshow schon im Aufzug und dann nachher noch an der Bar …

Ich krieg das nicht hin.

Meine Zahnbürste fällt mir ins Auge, soweit ich die von hier unten im Sitzen – Sie erinnern sich, ich sitze ja –, soweit ich die also von hier sehen kann. Sie hat, so scheint es mir von hier unten – ich sitze ja immer noch –, sie hat, die Bürste, nicht mehr die Ausstrahlungskraft von damals, als ich sie gekauft habe. Das muss, soweit ich mich erinnern kann, an einer Autobahnraststätte im Fränkischen gewesen sein. Oder in Bayern. Sicher bin ich nicht. Obwohl das vielleicht wichtig wäre. Wenn man weiß, wo man etwas erworben hat, hat man doch gleich einen ganz anderen Bezug zu den Dingen. Mein Haargel zum Beispiel. Mein nach frisch aufgeschnittener Papaya duftendes Haargel erwerbe ich grundsätzlich nicht im Supermarkt. Selbst in sehr gut sortierten Supermärkten in Mailand oder Paris gibt es so ein wunderbares Haargel wie das Haargel, das ich benutze, vermutlich gar nicht. Davon glitzern die Haare so schön. Ein bisschen wie indirekt. Als wären sie geheimnisvoll hinterleuchtet. Bei Supermarkt-Haargel wirkt das einfach nur fettig.

Fußball. Ich müsste jetzt noch was über Fußball ... Rückpass zum Beispiel. Es gibt wahnsinnig viele Rückpass-Experten im deutschsprachigen Raum. Da hätte man Anknüpfungsflächen ohne Ende. Aber ich kapier einfach nicht, was das Problem beim Rückpass sein soll. Schießen, fertig.

Heute früh hatte ich erst ein Brötchen mit Bärchenwurst und dann ein zweites Brötchen. Mit Erdbeermarmelade. Zum Frühstück. Die Marmelade war aus echten Früchten. Seit heute früh, das muss man sich (Wortspiel) mal auf der Zunge zergehen lassen, pule ich mir mühselig mit der Spitze meiner Zunge die kleinen Kerne aus den Zahnzwischenräumen. Mit einer fremden Zunge würde ich das nicht wollen, so weit geht die Anbiederung nicht.

Ich denke, ich bin insgesamt auf einem wirklich guten Weg. Wenn ich's zeitlich irgendwie schaffe, kaufe ich mir nächste Woche ein paar schöne Sommerslipper. Dann brauch ich mir die Schuhe nicht mehr binden.

# AUFGEPASST

Aufpassen heißt es. Aufpassen. Und Obacht geben. In Zeiten wie diesen, in Zeiten der gesellschaftlichen Regelblutung, da musst du sehr vorsichtig sein mit dem, was du sagst. Ich will ja nicht sagen, dass man auch sonst nicht achtsam sein sollte mit seinen Mitlebenden. Ein Vorschlag dazu wäre, mal nicht gleich jemandem einen verbalen Aschenbecher an die Hirnschale zu pfeffern, nur weil er eine blödsinnige Meinung vertritt. Blödsinnige Meinungen können sehr wertvoll sein. Das ist wie bei der Hefe. Schmeckt für sich genommen scheiße. Kann aber Brötchen retten. Und Brote. Wein würde gleich gar nicht zu Wein werden ohne Hefe. Beim Bier is' es nicht viel anders. Also wären wir ohne Hefe alle tot.

Ständig soll unsereins neuerdings immerzu seine Meinung absondern. Mir ist das nix. Ich sondere regelmäßig jeden Morgen nach dem Kaffee …

Ich mein', ich will jetzt hier nicht ins Detail gehen, aber da lass ich nix drauf kommen. Mit der kalten Präzision eines deutschen Maschinenbauingenieurs erfüllt mein Gedärm allmorgendlich seine patriotische Pflicht. Da bleibt kein scheinasylantisches, übers Mittelmeer auf fragwürdigen Frachtern dahergeschippertes Stück Tropenfrucht zurück. Meine Meinung aber, meine Meinung will ich – im Gegensatz zum verdauten Ziegenfrischkäse – für mich behalten. Zu den meisten Sachen habe ich ja nicht mal eine Meinung. Jedenfalls keine so ganz genaue.

Nehmen wir, jetzt nur mal zum Beispiel, Ausländer und

*IKEA*-Regale. Beides an und für sich ja eine feine Sache. Aber sitzt du dann vor dem verdammten Regal und verfluchst leise deine dämliche Idee des Philosophie-Studiums mit dem Vertiefungsfach Aztekische Hochkultur, dann stimmst du in der Tiefe deines Herzens dem Plan zu, ganz Schweden umgehend zum atomaren Endlager zu erklären.

Mit Ausländern ist das so ähnlich.

Wer würde nicht weinen vor Glück, wenn er ein schokobraunes Baby im karibischen Urlaubsresort durch den Zaun hindurch mit ein paar dahingeworfenen Murmeln zum Strahlen bringt. Versperrt uns aber der baumlange Onkel des Wonneproppens als Austauschstudent den freien Blick auf die Frauenkirche, sieht die Sache schon bedeutend anders aus. Und sprichst du so einen karibischen Schattenwerfer auf sein Fehlverhalten in feinstem Sächsisch an, versteht er dich nicht mal. Selbst wenn du brüllst. Wie soll man sich da eine klare Meinung bilden?

Besonders schlimm ist es für kurz vor dem Durchbruch stehende Schriftsteller. Was auch immer sie äußern, es könnte dem Verkauf ihres nächsten, ihres entscheidenden, ihres die Welt aus den Fugen kratzenden Werkes immens schaden.

Natürlich ist die Zwangsverheiratung von minderjährigen Mädchen in gewissen Kulturkreisen eine scheußliche Sache und im Prinzip eigentlich aufs Tiefste zu verdammen. Aber gebietet nicht auch der Respekt vor den Traditionen anderer ... Ich meine, das hat ja auch angesichts der klimatischen Bedingungen in fremdländischen Regionen womöglich irgendwie einen Sinn, der sich unsereinem nicht gleich erschließt. Und nur wer frei von Schuld ist, soll ja den ersten Stein …

Und so ein bisschen Schuld, so was, sagen wir mal, gemäßigt Schmutziges, das macht sich schon gut im Lebenslauf. Ich zum Beispiel, ich hab nie inhaliert. Aber auf einer Party, zu der mich Freunde mitgeschleppt haben, wurde möglicherweise Cannabis konsumiert. Und als ich aufs Klo wollte, musste ich an den wilden Kerlen mit ihren merkwürdigen Haarfrisuren vorbei. Im Prinzip bin ich die Claudia Pechstein der Partyszene. Ich bin ein Opfer angeborener Anomalien. Ich kann nicht nein sagen. Egal. Drogen sind schlimm. Eigentlich. Außer sie helfen. Wie Polizisten. Nur umgekehrt. Die sind gut. Außer sie hauen auf einen drauf. Schönen Tach noch.

# WENN DAS DER FÜHRER WÜSSTE

Deutschland, dieses wunderbare, weiche Land, ist ja weit über seine sich ständig verändernden Grenzen hinaus vor allem für seinen sprichwörtlich grenzenlosen Humor bekannt. Doch wenn der lachfaltenlose Franzose oder gar ein griesgrämiger Grieche eine Woche Heiterkeitsnachhilfe in Germanien buchen will, gilt es zu beachten, dass der deutsche Humor ungleich verteilt ist. Der ranzige Rheinländer wie der boshaft blinzelnde Badenser können ebenso wenig frei von der Leber weg lachen wie der stets leicht dröbbelig dreinblickende Dresdner.

Ausgerechnet im oberfränkischen Wunsiedel, wo Omma nicht tot überm Zaun hängen will, scheint nun aber der Zentralbahnhof heimischen Frohsinns zu Hause. Als in eben jenem Wunsiedel dieser Tage einige intellektuell stark unterleuchtete Gestalten ihren alljährlichen Göbbels-Gedenktag begehen wollten, stießen sie auf eine gut vorbereitete Marschstrecke. Transparente riefen auf, nun eifrig und stramm zu marschieren, denn für jeden zurückgelegten Meter versprach eine Gruppe namens *„Buntes Wunsiedel“* eine ordentliche Menge Euros an eine Organisation zu spenden, die verwirrten Menschen den Ausstieg aus der Beate-Zschäpe-Fanbase ermöglicht.

Nun dauerte es ein wenig, bis die geistig Erkalteten Euro in Reichsmark umgerechnet hatten, und so liefen und liefen sie für den guten Zweck.

Wie sehr wünschte ich mir solcherart Humor an manch anderer Stelle. Stattdessen aber frisst sich die Lustlosigkeit wie eine neuntausendköpfige Hydra durch unseren Alltag. Wer – wie ich – bekennend säuft, bekommt ja immerhin noch Mitleid. *Armer Mann*, sagen die Blicke aus den abgedunkelten Fensterhöhlen meiner wachsamen Nachbarn, wenn ich nachdenklich einen *Opus One* aus dem kalifornischen Nappa Valley öffne und über seine verheerende Ökobilanz sinniere. Wie viel kürzer wäre doch der Weg für eine frische Flasche Fassbrause aus der heimischen Brauerei gewesen. Gut, mit mehr Zucker. Aber Zucker macht nur dick. Alkohol dagegen dämlich. Und Dicke können immer noch Comedy-Stars aus sozialen Randgebieten spielen.

*Armer Mann*, bricht es über mir aus den Mietskasernen, wenn ich mich schwer bepackt zum Altglascontainer schleppe. Dass da ab und an auch mal ein Marmeladengläschen dabei ist, interessiert keine Sau.

Zum Fleischkauf treffe ich mich mit Gleichgesinnten mittlerweile weit nach Ladenschluss im schmuddeligen Hinterhof eines abseits gelegenen Dorfmetzgers. Denn wer Fleisch frisst, der knickt mit sündiger Hand Bissen für Bissen ein Fußballfeld seltener Tropenhölzer so um, dass sämtliche sich darunter befindliche Kleinlebewesen bis zur Größe vom Aussterben akut bedrohter Springschwanzantilopen zermatscht werden.

Es gibt weder in den Tropen noch sonst wo auf dieser Erde Springschwanzantilopen. Aber es könnte sie geben. *Könnte*. Wenn nicht der Mensch, dieser einzige Schädling unter den sonst so bewundernswerten Geschöpfen Gottes, der Springschwanzantilope durch sein parasitäres Verhalten im Weg gestanden hätte. Was wäre das für ein schönes Tier geworden. Das Einhorn unter den Antilopen.

Und was wäre mein Joghurt für ein aufrechter und wertvoller Teil der Gesellschaft, wenn ihn der elende Hurenkapitalismus nicht gezwungen hätte, ein rechtsdrehender Joghurt zu werden. Und falls die Huren in euren Köpfen jetzt aufreizende weibliche Huren sind, dann zieht euch den tropfenden Zahn, ihr Knechte der Geschlechterrollen. Es sind natürlich auch männliche Huren mit riesigen schwarzen Haarbüscheln auf den Handrücken und Transhuren und die anderen, die anderen auch. Die Dings. Die in Wunsiedel am Rand standen mit diesem rosafarbenen Plakat und der wunderbaren Aufschrift: *„Wenn das der Führer wüsste …“*

# KOPFÜBER IN DEN SOMMER

Der bundesdeutsche Nationalmannschaftsadler ist gerade gelandet in Berlin. Einmal noch wie irre hupend mit dem rostigen *Opel Astra* durch die Stadt, dann fällt die Fußballfieberkurve ab. Dann brauchen sie ein neues Ziel, all diese hassverzerrten Fratzen, die im Dunklen todesmutig fremdländische Fähnchen von Außenspiegeln knicken. Wenn sie im Rudel sind. Die feigen Pinscher.

„Als Deutschland das letzte Mal Weltmeister geworden ist, hat die Kugel Eis fünfzig Pfennig gekostet", jault mir einer der Ewiggestrigen mit Cockerspaniel-Blick entgegen.

Als Deutschland das letzte Mal einen Weltkrieg angezündet hat, hat die Kugel Eis sogar nur einen Groschen gekostet. Und trotzdem will ich nicht dahin zurück. Ich lebe gerne hier und jetzt. Mit meinen paar echten und den vielen *Facebook*-Freunden. Ich mag den kleinen Rosenmann auf unserem Markt mit seiner roten Knollennase, der so herrlich bedauernd seufzt, wenn er mir kein Sträußchen mehr verkaufen kann. Weil seine Rosen alle schon in andrer Leute Stuben duften. Ich mag die dicke Frau vom Erdbeerstand, die eine stachelige Kastanienhülle um ihr Pralinenherz aus schaumig leicht geschlagener Mousse au Chocolat trägt, um sich zu schützen vor allem, was hinter ihr liegt. Ich mag die Menschen, die mir auf meinem Fahrrad freundlich winken in den Straßen meiner Stadt, weil ich zuerst gewunken und sie zur Fröhlichkeit gezwungen habe. Ich mag den weiten Weg nach Hause, das Fahrrad nun doch lieber schiebend, tüchtig angeschickert von einem Abend voller Bier und stiller Freundschaft hoch oben über dem Fluss am Rande meiner Stadt.

Ihr Hasser, ihr da draußen. Ihr, die ihr nichts Fremdes mögen könnt, weil ihr euch selbst nicht mögt, treibt euch doch Nägel tief ins Fleisch gegen den Schmerz im Hirn. Ein Schmerz, genährt aus Neid und Bitterkeit, weil ihr euch stets vergleicht. Und aus Versagensängsten. Dabei verlangt doch keiner was von euch. Seid einfach nur. Das reicht. Die Taten, die ihr nicht tut, retten den Frieden auf der Welt weit mehr als all eure kläglichen Versuche, gut zu sein, während verzweifelte Nachwuchswissenschaftler, anstatt fröhlich zu vögeln, fieberhaft forschen nach der Formel vom Glück.

Glück ist, was wir draus machen. Lasst uns rauchen, saufen, Schokolade essen, selig bis zum Ende der Saison morgens kichernd unser strenges Spargelpipi riechen und – wenn die Zeit gekommen ist – ein Schweinchen schlachten. Und lasst die, die das wollen, meinetwegen an ihrer geschmackfreien Tofu-Teewurst lutschen, bis die Lippen faltig sind. Leute, lasst endlich Sommer in den Kopf und jagt die trüben Gedanken mit ihrem Gefieder feuchtkalter Februarvögel der warmen Sonne entgegen. Könnt oder wollt ihr das aber nicht, dann geht uns anderen doch bitte bis September aus dem Weg. Wir gehen jetzt baden in den Wogen unserer Sommerlust. Ab Herbst ertragen wir euch wieder.

# MÖWENSCHEISSE

Versonnen schaue ich dem eleganten Flug der Möwen über mir zu. Kein einziger ängstlicher Gedanke daran, dass sie kacken könnten. Aus dem kleinen Transistorradio neben mir sollte dazu, so stelle ich es mir vor, leise Soulmusik dringen.

Klingt aber nicht nach Soul. Klingt nach Frank-Walter Steinmeier, der in unnachahmlicher Dehnung des inhaltlichen Nichts in ein Mikrofon nuschelt.

Frank-Walter Steinmeier kann das gut.

Nicht, dass er nicht auch noch andere Dinge können könnte, das will ich nicht behauptet haben. Er könnte, denke ich, auch ganz gut Zeitschriftenabonnements an schwäbische Metzger-Gattinnen vertickern. Ich persönlich würde es sehr befürworten, wenn er nur noch dies täte. Ich würde auf der Stelle ein Soli-Abo abschließen, um seinen beruflichen Umstieg zu beschleunigen. Leider ist aber Frank-Walter Steinmeier stark damit beschäftigt, sich in jedes erreichbare Mikrofon zu verbeißen, um zu erklären, dass man auf einem guten Weg sei. So kann man sich prima um jede echte Haltung herumdrücken. Man ist einfach auf einem guten Weg. Dagegen kann ja keiner sein.

Aus meinem kleinen Transistorradio klingt das so: *„Ichhabemichinlangenundintensivenkonsultationenmitunserenpartnernaufeingemeinsamesvorgehenverständigt. Wirsindaufeinemgutenweg.“*

Zwei Wörter würgt der Herr Bundesaußenminister hervor. Zwei Wörter, so inhaltsarm und unerfreulich wie ein frischer Klacks Möwenscheiße. Für die Menschen in der Ukraine wie an jedem anderen lichterloh brennenden Konfliktherd ist Frank-Walter Steinmeier nichts als ein Mopsgesicht mehr, für das, wenn es zu Besuch kommt, die wenigen Versorgungsstraßen gesperrt und üppige Frühstücksbuffets aufgetischt werden. Was Frank-Walter Steinmeier in welches Mikrofon nuschelt, bewegt mein Herz weitaus weniger als der Wildwuchs von Seegras am Fuß des Mariannengrabens.

Macht, liebe Politiker, was immer ihr machen wollt. Spielt, liebe Staatenlenker, eure undurchschaubaren Spiele. Ich bin nicht der Mann, das zu brechen. Wüsst' ich es besser zu machen, ich träte gerne an. Doch weiß ich es nicht. Kaum weiß ich mit meiner eigenen Frau in Frieden zu reden. So halte ich mein Maul. Und dies, und nur dies, erbitte ich auch flehentlich von euch. Haltet das Maul, mir gegenüber. Lügt mich nicht an. Versucht nicht mit grinsender Larve mir zu erklären, was ihr doch selbst nicht glaubt. Denn da wird das Tun erst zur Schande.

*„Krieg gegen Schulschwänzer“* titelte neulich der jeden und alles moderierende Günther Jauch reißerisch. Man sollte ihn an den Mast knüpfen dafür. Wer Krieg ruft, der wird Krieg kriegen. Hört auf mit der lustvollen Zündelei am atomar bestückten Arsenal eurer Verbalschlachten, Leute. Kommt zur Vernunft. Schwänzt einer beständig die Schule, dann tut er das meist aus Gründen. Weil keiner ihm hilft, den Weg zu sehen. Weil keiner ihm Vorbild ist, die Hand reicht, die Schulter. Weil die Gesellschaft nicht hinschaut, außer im Zirkus obszöner Nachmittagsshows. Weil wir abdelegieren an überforderte Lehrer, welche aus

Angst zu versagen schon längst beim selben Dealer ihre Pillen kaufen wie ihre Schüler, die apathisch in den Bänken zappeln.

Jetzt stemmen sie sich in den Wind über mir, die Möwen, die nichts wissen vom Jahresfolterbericht. *Amnesty International* hat ihn herausgegeben, verkündet matt die Radiostimme. Ich denke, vor allem in gebundener Form macht er richtig Sinn, der Bericht. Denn dann kann gleich eine andere Abteilung derselben großen Verdummungsbehörde den Waldschadensbericht fertigstellen, in dem beklagt wird, dass wieder zahlreiche Bäume vor der Zeit sterben mussten, um Papier für Berichte zu werden. Ich sehe schon Folteropfer weltweit vor Glück auf die Knie sinken, wenn sie erst spüren und ahnen, dass im Mopsgesichtland lastwagenweise Jahresfolterberichte mit eindrucksvollen Illustrationen breitgefahren werden.

Es hilft nicht, nichts hilft es. Jeder weiß, keiner schweigt. Denn im Schweigen ist Last. Wir nehmen Mikrofone, um unser Schweigen laut zu machen. Gelingen kann uns das nicht. Wir malen uns grelle Farben auf die fahlen Gesichter unserer Sprachlosigkeit und bleiben doch leichenblass. Hoch und immer höher hängen wir die Wahlplakate und hohl, immer hohler sind die Parolen darauf.

Komm, lieber Tinnitus, sei gnädig und pfeif mir ins Ohr. Und ihr, stolze Möwen, bescheißt uns so lange, bis wir wieder rein und weiß und unschuldig sind.

# DEIN LIEBLINGSGERICHT

*Auch wenn wir dein Lieblingsgericht nicht kennen, wir haben die Zutaten*, sagt *EDEKA* in der *EDEKA*-Werbung. Weil die ja keine *Lidl*-Werbung machen. *Lidl* lohnt sich nicht, sagen die *EDEKA*-Werber, und die müssen es wissen, die sind vom Fach, die kennen sich aus. Ganz alte Hasen sind das. Obwohl sie bei *EDEKA* ja gar keine alten Hasen verkaufen. Werden alle aus dem Sortiment genommen, die Hasen, wenn sie erst mal abgelaufen sind. In freier Wildbahn hat man ja noch nie einen abgelaufenen Hasen gesehen. Die gibt es nämlich nur bei *Netto*. Und das auch nur, wenn nicht gerade *Superframstag* ist. Denn dann gibt es alles zwanzig Prozent günstiger. Außer Hasennahrung.

*Auch wenn wir dein Lieblingsgericht nicht kennen*, sagt *EDEKA* in der Werbung, *wir haben die Zutaten.*

Ach, habt ihr?

Habt ihr nicht. Lügenpressen habt ihr hinter eurem *EDEKA*-Einkaufsmarkt stehen, wo ihr die verlogenen Inhaltsangaben der Kartons, in denen einst die Hasen lagen und an denen jetzt schon Ratten nagen, zusammenpresst. Daraus macht ihr dann vermutlich Meißenknödel, die ihr auch in Dresden verkauft, weil euch ja nix heilig ist. Außer Tiernahrung. Aus euren Zutaten kann man ja nicht mal ein paar ordentliche *Liegnitzer Bomben* bauen – und das ist irgendwie auch wieder polenfeindlich. Der im Laufe der Geschichte so oft geteilte Pole hat ein verdammtes Grundrecht auf die Verteidigung seines Bodens. Das hat mir meine polnische Haushaltshilfe beigebracht. Mit dem tropfnassen Feudel in der Hand steht sie jeden Mittwoch auf meinem Balkon und schleudert die ordinärsten Flüche über die Neiße, weil da ihr Ex-Mann mit einer deutlich Jüngeren ... Aber das ist eine ganz andere Geschichte und würde uns jetzt weit wegtragen vom leuchtenden Sandstrand der Einkaufsmärkte am Rande meiner Stadt.

Die haben bei *EDEKA* nicht nur eine *Lügenpresse*, Leute. Die haben auch *erweiterte Verhörmethoden* – und damit schon zwei von drei der zum Unwort des Jahres 2014 gekürten Kandidaten im Sortiment. Oder wie soll man das ständige Nachgefrage, ob's ein bisschen mehr sein soll, denn anders bezeichnen als *erweiterte Verhörmethoden*? Es ist Folter. Ich will kein bisschen mehr. Ich will auch kein bisschen weniger. Niemand will so was. Wir aufrechten Europäer gegen ständiges Nachfragen treten mit geradem Kreuz und klarem Blick an die Wursttheken dieser Republik und möchten 208 Gramm Gehacktes. Nicht 300 Gramm. Auch nicht 210.208! Das muss man ja wohl mal sagen dürfen.

Auf Platz drei bei den aktuellen Unwörtern steht *Russland-Versteher*. Und was gibt es seit einem guten halben Jahr in meinem persönlichen Lieblings-*EDEKA*-Laden?

Richtig, ein Russland-Regal. Mit Borschtsch aus der Tüte, Pelmeni, Bliny und Hering im Pelzmantel. Leute, ich ziehe mir den Pelzmantel doch nicht mit der Kneifzange an. Das stinkt. Nicht das Regal. Die Sache an sich. *EDEKA* und die Unwörter des Jahres. Da gibt es einen ganz engen Zusammenhang. Da muss man mal einen Verschwörungstheorieanhänger ranlassen.

Und Frau Krause, meine erklärte Lieblings-*EDEKA*-Kassenprinzessin mit ihren zweiundsechzig Lenzen, die ist gar nicht Frau Krause. Sie ist in Wahrheit der auf Einzelhandelskauffrau umgeschulte Gevatter Tod. Der liebenswürdige Sensenmann ist nämlich akut von Arbeitslosigkeit bedroht. Weil *EDEKA* jetzt Gesundheitswochen einführt. Aber nicht irgendwelche Gesundheitswochen mit so einem bisschen Vitamin-Bling-Bling und ein paar harmlosen Nahrungsergänzungsmitteln für glatte Haut und volles Haar. Volle-Dröhnungs-Gesundheitswochen werden das. Mit wochenweise Rabatt beim Frischgemüse und kostenlosen Rezepten für ein ganz besonders langes Leben durch Magerquark und Bio-Brombeersirup. Da kann der Tod schon mal Fresse ziehen und seine stumpf gewordene Schnittmaschine an den Altglascontainer lehnen.

*Auch wenn wir dein Lieblingsgericht nicht kennen*, sagt *EDEKA* – und ich füge mich.

Kaufe irgendetwas ein, weil immer irgendetwas eingekauft werden muss und die Geschmacksverstärkerangaben so furchtbar klein geschrieben sind, dass es auch schon egal ist. Was so klein geschrieben ist, kann doch keinen großen Schaden anrichten. Das Abendland muss dann halt an anderen Dingen untergehen. Womöglich an der Deutschlandcard.

# DER FREUNDLICHE FRIESE

Was ist das für ein netter Mensch neben mir im *InterCity* von Oldenburg nach Bremen. Hochgewachsen, wie es sich hier im Norden gehört. Ein Friese, wird er mir später verraten. Das *Ost-* lässt er leise lächelnd weg. Zu viele platte Witze in all den Jahren vermutlich. Handelsvertreter war er. 120.000 Autokilometer im Jahr. Gutes Geld hat er verdient. Und vorgesorgt. Zwei Wohnungen für die Alterssicherung. Dann gab es einen Wechsel im Management des Unternehmens und der Friese fiel durchs Sieb. Mit fünfundfünfzig ist er zum ersten Mal in seinem Leben arbeitslos. Erst war er ständig unterwegs, jetzt ist er ständig zu Hause. Das hält die Ehe nicht aus. Mit sechsundfünfzig ist er arbeitslos und geschieden.

Mit leicht zitternder Hand deutet er eine Spirale an. Sie weist nach unten. Er muss nichts weiter sagen. Andere trinken aus geringeren Gründen. Sein Arbeitsvermittler bietet ihm lange nichts, gar nichts an. Dann einen Job bei der Post. 7,15 Euro die Stunde. Lieber das, als zu Hause wahnsinnig werden, sagt er sich. Macht fünf Wochen Praktikum und bekommt die Stelle. Ein Zeitarbeitsvertrag. Der erste Zeitarbeitsvertrag seines Lebens. Seine Hausärztin rät ihm, Rente einzureichen, und bescheinigt eine Burn-out-Erkrankung. Die Rentenversicherung reagiert, wie Rentenversicherungen nur in Rosamunde-Pilcher-Filmen reagieren. Gar nicht. (In Wahrheit reagieren Rentenversicherungen natürlich prompt. Sobald alle Unterlagen lückenlos im Original oder als notariell beglaubigte Kopien ordentlich eingereicht wurden. Wobei *prompt* nicht *sofort* oder *umgehend* heißt, sondern *nach gründlicher Prüfung und Abwägung*. Die Dinge müssen ihre Ordnung haben.) Nicht selten versterben rentenanspruchsberechtigte Menschen darüber. Dann muss natürlich neu geprüft werden.

Der Friese bekommt nach anderthalb Jahren der zweiten Arbeitslosigkeit seines Lebens einen denkwürdigen Anruf. Sein Zeitarbeitsvertrag bei der Post war nicht verlängert worden, da in der Zwischenzeit ein Subunternehmen mit der Dienstleistung beauftragt worden war. Also hilft er als Ein-Euro-Jobber einem Fußballverein bei der Pflege seiner Anlagen. Und bekommt Leistungen vom Arbeitsamt. Diese Leistungen, so der Anrufer, müsse er umgehend zurückzahlen, da man festgestellt habe, dass er seit fünfzehn Monaten Rentner sei.

An diesem Punkt seiner Geschichte schießen dem hageren Mann Tränen in die Augen. Eine der beiden Wohnungen hatte er bereits verkauft. In seiner Verzweiflung weit unter Wert. Um die zweite kreisten schon die Geier. Weitere unglaubliche neun Monate brauchten die Behörden, um die Rentenzahlungen anzuweisen und mit den Leistungen des Arbeitsamtes zu verrechnen.

Heute fahre er ab und an mit dem Zug, um mit Menschen ins Gespräch zu kommen. Bekannte, mit denen er sich mal austauschen könne, habe er seit den schweren Zeiten keine mehr. Er sei am Ende zufrieden, wie alles gekommen ist. In der Oldenburger Bibliothek gäbe es einen herrlichen Lesesaal mit Handyverbot, wo er die interessantesten Zeitungen fände. Und gestern Abend war er beim Oldenburger Musiksommer. Ein tolles Konzert. Und kostenlos.

Ich muss schlucken und schimpfe auf der langen weiteren Fahrt nicht ein einziges Mal über die nur mittelmäßig ihren Dienst verrichtende Klimaanlage der *Deutschen Bahn*. Ich nehme mir fest vor, überhaupt viel weniger zu schimpfen.

Dem freundlichen Friesen habe ich zum Abschied versprochen, dass er irgendwann einmal in einer meiner Geschichten vorkommt. Vielleicht liest es ihm ja jemand vor.

# EIN FLIEGENSCHISS

Wir haben seit gut drei Wochen ein Haustier. Eine Fliege.

Fliegen haben ja leider kein wirklich gutes Ansehen in unserem Kulturkreis. In vielen karibischen Inselstaaten, wo Rinderhälften über Wochen gerne mal im Freien abhängen, ist das ganz anders. Gigantische schwarz glänzende, brummende Fliegentrauben nehmen auf den bluttriefenden Keulen Platz und kein Mensch käme auch nur auf die Idee, in der brütenden Hitze eine Handbewegung zu verschwenden, um die possierlichen Flugkünstler zu verjagen.

Hierzulande werden Fliegen als lästig empfunden und selbst unschuldigste Klosterschülerinnen wischen nach einer Überlandfahrt mit kaltem Herzen vor der Garage die kleinen angetrockneten Leichen vom Scheinwerfer ihres *Volvo*, ohne sich um das Leid der zerrissenen Familien den geringsten Gedanken zu machen.

Weil die Dinge so sind, wie sie sind, sind wir auch noch nie mit unserer Fliege Gassi gegangen. Es stünde zu befürchten, dass Nachbarn wie Passanten mit Unverständnis, möglicherweise sogar mit Ekel reagieren.

Die Fliege hält sich meist in der Küche auf, wo eine gewisse Nachlässigkeit in Hygiene-Angelegenheiten ihr ein reiches Buffet deckt. Frisches mag sie nicht. Aber Lebensmittel, die dabei sind, nach einiger Zeit der Nichtbeachtung Form und Farbe zu wechseln, sind ganz ihr Ding. Rätselhafterweise fliegt sie ab und an über den Flur in das angrenzende Badezimmer meiner wunderbaren Frau, um ihr beim Duschen zuzuschauen. Seit Tagen frage ich mich, ob denn auch diese wirklich wunderbare Frau beim Duschen Form und Farbe verändert?

Schwer festzustellen ist das Geschlecht unseres neuen Freundes. Worüber wiederum ich mir in Zeiten der immer wütender werdenden Frauenquoten-Diskussionen durchaus Sorgen mache. Was er oder sie auch ist, es ist verkehrt. Fünfzig Prozent der Quote verfehlen wir in jedem Fall. Über die Folgen will ich gar nicht weiter nachdenken. Ich sehe die Genderpeitsche schon auf mich niedersausen. Da hilft nur blitzschnelle Ablenkung. Wer, bitte schön, kümmert sich denn zum Beispiel um die Erfüllung der Frauenquote ... sagen wir ... in bundesdeutschen Haftanstalten? Da sieht es ganz mau aus. Gerade einmal jeder zwanzigste Gefängnisinsasse ist hierzulande weiblich. Können Frauen denn tatsächlich so signifikant schlechter klauen, betrügen und morden? Das kann sich doch nur ein grau in grau gekleideter Ministerialbeamter einbilden, der nie verheiratet war. Die geschlechtsunabhängige Leistungsfähigkeit von Frauen in allen kriminellen Belangen sollte zwingend besser gewürdigt werden.

Und auch die Diskriminierung von heterosexuellen männlichen Knastis muss endlich ein Ende haben. Diese armen Teufel werden ja geradezu zu einem abnormen Verhalten gezwungen, wenn sie ihrer Libido freien Lauf lassen wollen. Wenn das der Erdogan wüsste!

Die Quote ist, um es im Rautenkranz zu sprechen, alternativlos. Es sind nicht gerade zwingend die lieblichsten Elfen, die sich als Schließerin bewerben. Aber das interessiert den modernen Wutbürger da draußen in seiner Freiheit ja nicht. Der brüllt nur noch im Eigeninteresse. Was ist die gepflegte deutsche Demonstrationskultur auf den Hund gekommen. In Nullkommanichts vom Wir zum Ich.

*„Ich will nicht, dass eine Stromtrasse über mein Grundstück läuft, ein Bahnhofsbau meinen Schönheitsschlaf stört, ein Chlorhühnchen den feinen Geschmack der Trüffelsoße trübt."*

Und weil ich, ich, ich das für mich nicht will, brülle ich draußen ein bisschen rum in meiner schadstofffrei gefütterten *Jack-Wolfskin*-Outdoor-Demojacke. Zerwühle theatralisch mein Haar. Füge mir ein paar kleinere Verletzungen zu, am besten mit leichtem Blutfluss. Schaue unauffällig, ob ein Fernsehteam in der Nähe ist. Mache zur Sicherheit mit weit ausgestrecktem Arm selbst ein Foto von meiner verheulten Fresse und gehe dann heim. Abendbrotzeit. Und dann Koffer packen. Morgen geht's auf die Malediven.

Der Ego-Wahn in diesem Land hat ein Ausmaß angenommen, dass der Weihnachtsmann samt Sack auf den Kufen kehrtmachen und all das unnütze Spielzeug in die stinkenden Schornsteine der Hersteller zurückstopfen sollte. Die Menschen da draußen interessieren sich alle nur für sich. Kein Aas denkt an mich. Außer meiner Frau und meiner Fliege. Die schenken mir jeden Tag ein Lächeln. Und einen frischen Fliegenschiss.

# SPÄTI MIT FLAVOUR

Neulich nachts stand ich mit einer halben Flasche Champagner auf meinem Balkon und sah den Sternen beim Glühen zu. Reichlich wüste Beschimpfungen meines alten Freundes hatten mich nachdenklich werden lassen. *„Küchenfaschist“* und *„Beilagennazi“* waren noch die harmlosesten seiner Kraftausdrücke. Dabei hatte ich mal wieder nichts weiter gemacht.

Gut, mit viel Fantasie hätte man meiner Mimik bisweilen nicht die notwendige Hochachtung entnehmen können, wenn ich die Gabel eher vorsichtig in eine seiner berüchtigten Kochkreationen stach. Mediterranes Bauernfrühstück ist sicher gut gemeint. Eine durchgehend überzeugende Harmonie der Aromen jedoch wollte sich nicht einstellen in meinem Mundgefühl.

Natürlich sind das Erste-Welt-Probleme, die einer tiefen Männerfreundschaft nicht ernstlich schaden können. Ich musste lediglich von meinem hohen lukullischen Ross absteigen und, am Boden seiner simplen Garkunst angekommen, herzhaft in den symbolischen Pferdeapfel beißen. Vielleicht können ja auch Fertigpizzen so etwas wie Liebe ausdrücken, wenn man nur fest daran glaubt. Ob fester Glaube allein allerdings ein gutes Himalaya-Salz ersetzen kann, erschien mir ungewiss.

Weitaus erschreckender als die Vorstellung, bei zukünftigen Besuchen mikrowellierte Tiefkühlburger serviert zu bekommen, war jedoch die Überlegung, dass eine gewisse … sagen wir … Arroganz oder Abgehobenheit sich möglicherweise nicht nur auf meine Ernährungsgewohnheiten beschränkte. Einen großartigen barriquegereiften Burgunder *„Rotkäppchen lieblich"* vorzuziehen, werden die himmlischen Richter mir dereinst verzeihen. Was aber wäre, wenn meine Mitmenschen sich von mir auch in anderen Lebensbereichen dem stillen Vorwurf allgemeiner Geschmacksverirrung ausgesetzt fühlten? Hochmut und Eitelkeit sind im Kirchenkanon Todsünden, da stößt selbst beim lieben Herrgott die Toleranz an die Grenzen seiner Unendlichkeit.

Betont unauffällig machte ich mich auf den Weg. Die Hände tief in den ausgebeulten Hosentaschen einer für gelegentliche Malerarbeiten bereitliegenden Joggingbuxe vergraben und leicht debil vor mich hin brabbelnd, streifte ich durch die Straßen meiner Stadt. Viele Jahre lang hatte ich die Augen vor Not, Elend und Verödung geschlossen. Doch jetzt musste Schluss sein mit Kaviar auf Wachtelei und *Gucci*-Pantoletten. Der derbe Bauernstiefel sollte fortan mein unrasiertes Bein bekleiden.

Was ich fand, verwirrte mich. In den Regalen von *Lidl* lagen feinste Schinken, die Kassendamen bei *EDEKA* hatten sich mit zierlichen Borten abgenähte Schürzen umgebunden und lächelten graziös. Perfekt gerichtete Zahnreihen perlten mir blitzblank poliert allerorten entgegen. Chick und Charme schlugen über meinem flachen Erwartungshorizont zusammen und begruben all meine Befürchtungen sanft wie die warmen Wogen im Wellnessbad.

Auf den Straßen kreuzten edle Karossen, deren abgedunkelte Scheiben sich elektrisch hoben, sobald ich mich näherte. Insgesamt schien mir eine gewisse Überheblichkeit eingezogen. Vor einer einst berüchtigten Trinkhalle standen drei frisch geföhnte junge Frauen beim Prosecco. Und sah ich recht? Rümpften sie ihre gepuderten Schnepfennasen angesichts meiner nicht ganz fleckenfreien Hose?

Was war mit meiner Stadt passiert? Wo war ihr rustikaler Reiz hin? Rollatoren mit Felgen aus purem Gold parkten vor den Praxen der Schönheitschirurgen. Wohlerzogene Buben in Business-Anzügen blätterten in internationalen Finanzzeitschriften und grüßten sich höflich. Geräuscharme Kehrmaschinen hielten die Gehsteige rein und verströmten dezentes Parfüm. Das alles hatte ich so nicht gewollt.

Es musste doch noch einen Ort geben, wo das gute alte Görlitz zu Hause war. Eine letzte Bastion der Ursprünglichkeit, ein Schmuddeleckchen puren Glücks.

Ich dachte angestrengt nach. Wo erwarb mein alter Freund noch mal den Großteil seiner Lebensmittel?

Richtig, *Mannis Tanke*, der berüchtigte Spätkauf mit seinen harten Regeln. Benimmst du dich dort nicht, wie Manni es wünscht, gibt es in der Reihenfolge missbilligende Blicke, rüde Worte und dann Hausverbot. Bei Manni riecht es immer so, als wäre vor längerer Zeit ein Starkraucher hinter den Bierkästen verendet und von dort noch nicht entsorgt worden.

Im gebügelten Hemd stand Manni hinter seiner Theke. Ich erstarrte vor Schreck.

„Schön, dass du da bist", schmetterte mir der Späti-Chef mit dem geübten Lächeln eines Staubsaugervertreters entgegen. Er habe eine ganze Batterie interessanter Craft-Biere eingekauft und veranstalte heute Abend ein Flavour-Tasting, zu dem ich herzlich eingeladen sei.

Mürrisch packte ich meine sechs Flaschen *Sternburg* ein und machte mich auf den Weg zu meinem alten Freund. Es war höchste Zeit für eine ziemlich fette Entschuldigung.

# AUS DER HÖLLE BRASILIENS VOL. I – IX

## I. Im Elend angekommen

Eigentlich bin ich ja eher so der optimistische Typ. Nie würde es mir zum Beispiel einfallen, einen Text mit dem in bestimmten Frauenkreisen so beliebten Wort *„eigentlich"* zu beginnen. Aber tatsächlich hat mein unerschütterlicher Optimismus etwas an Kraft verloren, seitdem ich von meinem ehemaligen alten Freund in einer abgedunkelten, muffig-feuchten Höhle gefangen gehalten werde. „Komm doch auf einen Maracujasaft vorbei", hatte er am Nachmittag des 12. Juni mit Schlangenzungen geflötet. „Ich grille uns ein paar Marshmallows. Das Rezept hab ich beim Stöbern auf *chefkoch.de* entdeckt."

Verdammt, sämtliche Warnglocken hätten bei mir aufblinken müssen! Saft! Kochportale! Und dann das Datum. DAS Datum! Das Datum, dem die deutsche Nation seit Wochen geschlossen – mit Ausnahme einiger elitärer Spitzen – entgegenfieberte. Der fünfzigste Geburtstag von Uwe Kamps. Unvergessen und für die Ewigkeit auf einem unauffälligen Granitstein an der Quelle des Gladbach, tief in den Kellern der *Hensen*-Brauerei festgehalten, wie Kamps alle vier Leverkusener Elfmeter im DFB-Pokal-Halbfinale '91/92 gehalten hat.

Inzwischen bereute ich bitter, nicht aufmerksamer gewesen zu sein. Aber hinterher ist man ja immer Krüger.

Ein würgender Durst zieht mir die Kehle zusammen und nur alle halbe Stunde bequemt sich mein Peiniger zum Kühlschrank, um frisches Bier zu holen. Auch hatte es statt der versprochenen Marshmallows ein 300-Gramm-Rib-Eye-Steak mit Portwein-Chili-Soße sowie Ofenkartoffeln an hausgemachter Sour Cream und frischem Feldsalat gegeben. Kein Wunder, dass mein Magen sich vor Hunger zyklisch verkrampft.

Anstatt – wie bei unseren Zusammenkünften sonst üblich – gemeinsam frohe Fahrtenlieder zur Wanderklampfe anzustimmen oder wenigstens die tief unterm Balkon fließende Neiße im Rausch zu übertrumpfen, zwingt er mich, mir einen dämlichen, schier endlosen Werbefilm für Sportbekleidung anzusehen. Die Models auf dem rasenfarbenen, überbreiten Catwalk sind zwar alle ansehnlicher als mein ehemaliger alter Freund, aber soweit ich erkennen kann, ist nicht eine einzige Frau dabei.

Langweilig. Laufstegerfahrung sieht auch anders aus.

„Die müssen kompakter stehen!“, murmelt der Ehemalige. Als ob der schon mal was mit der Modebranche zu tun gehabt hätte. Baggy Pants und Umhängetaschen aus Uniformen unehrenhaft entlassener Matrosen, das ist seine Welt. Nix mit Hotkotür.

„Über die Flanken!“, schreit er mich an.

Ich weigere mich. Ich will den nicht streicheln. Nirgendwo. Die Models im Fernsehen sind scheiße frisiert. Außerdem haben sie furchtbar hässliche Kniestrümpfe an. Hohe Strümpfe zu kurzen Hosen. Wie neulich bei der Pariser Fashion Week. Na ja, wer’s tragen kann …

Ich trag noch eine schöne Runde Bier bei und hoffe,

dass der doofe Film bald um ist. Noch ahne ich nicht, dass mein Martyrium bis zum 13. Juli andauern wird.

## II. Pepe geht duschen

Tag fünf in der Hölle. Meine Augen haben sich an das diffuse Licht gewöhnt. Seitdem ich wieder halbwegs sehen kann, weigere ich mich, den Teil des Gefangenenlagers zu betreten, der hier früher vermutlich als Kochstelle gedient hat. Zwischen den Tellern im Abwaschbecken kann man grünlich schimmernde Nudelreste erkennen. Sie beweisen, dass auch nach dem Tod noch Leben sein kann. Und sie haben kleine Füßchen. Ich habe Angst.

Mein ehemaliger alter Freund hat auch Angst. Jedenfalls traut er sich nicht eine Sekunde lang vom Fernseher weg und pinkelt in eine der hier massenhaft herumliegenden leeren Lambrusco-Flaschen. Bei hundert Prozent Füllstand wirft er die Dinger unter dem bewundernden Applaus seiner mit kleinen Deutschland-Flaggen tätowierten Freundin durch das offene Fenster beidhändig über den Kopf Richtung Balkon. Manchmal ist das Fenster auch zu.

Die tagelange Zwangsernährung mit Döner Kebab hat meinen anfänglichen Widerstand gegen das, was da im Fernsehen gezeigt wird, längst gebrochen. Fast entwickele ich eine kleine Sympathie für dieses *„Fußball"*. Die Welt ist komplex, dagegen ist die Abseitsregel einfach. Mit einer ordentlichen Frisur kann man in diesem Fußball selbst als Schwabe weit kommen. Der Schwabe mit der ordentlichen Frisur erklärt gerade, dass seine Spieler alle sensitiver sein müssen. Was, Scheiße noch mal, ist das: *sensitiv*? Wegknallen sollen die die anderen. Umnieten, blutgrätschen, abballern.

„Der Löw setzt taktisch auf die Hitze", versucht mir mein ehemaliger alter Freund zu erklären. Mir. Mir, einem glühenden Rommel-Verehrer. Kamerad Rommel hat schon taktisch auf die Hitze gesetzt, als man für sensitives Verhalten noch an die Straffront versetzt wurde, Herr Altmann! Aber wie soll das einer wissen, dessen historische Kenntnisse erst 1954 mit der Regenschlacht von Bern einsetzen. '54, als der Rock'n'Roll geboren und die Wiederbewaffnung der Bundesrepublik beschlossen wurde. Zwei Ereignisse, die der Welt noch viel Freude bringen sollten …

Live-Kommentator Gerd Gottlob dagegen perlt die Oberlippe im bestens klimatisierten Studio. Schon klar, dass aus Freizeitsoldat Altmann nie mehr als ein Obergefreiter werden konnte, bei solchen Vorbildern. Patriotismus? Fehlanzeige. „Ich zieh lieber ein neutrales Nicki an", meint die Memme. „Da bin ich abergläubisch."

Wenigstens gehört zu seinem albernen Aberglauben ein Wodka-Ritual. Für jedes deutsche Tor. Ich beginne der deutschen Mannschaft sehr, sehr intensiv die Daumen zu drücken.

Auch der deutsche Bundeskanzler sitzt auf der Tribüne. Er trägt einen hübschen orange-roten Blazer und winkt weibisch in die Kamera. Nicht so wichtig. Unten rollt endlich die Viererkantenkette. Raúl Meireles, ein Vollbarthipster, gefällt mir am besten. Kann man sich gut vorstellen, wie er mit seinem britischen Knochenbrecherkollegen Wayne Rooney Hand in Hand sensitiv durch einen Schlachthof wandert.

Der Reporter murmelt etwas von der osteuropäischen Schiedsrichterszene. Verdammt, ich hab meine Wetten alle in Asien platziert. Muss Putin anrufen. Der soll das sofort zusammenführen.

Hugo Almeida mit seiner ausgewachsenen Pornobremse muss gleich nach dem Anpfiff wieder gehen. Das war aber auch wirklich keine gute Werbung für die portugiesische Tourismusindustrie. So einer lockt höchstens noch verzweifelte Witwen vom Niederrhein. Insgesamt herrlich, wie gestandene, muskelbepackte Männer wie von Zauberhand bei der leisesten Berührung durch die Luft fliegen.

Pepe, der so einen hat fliegen lassen, darf duschen gehen. Ich überlege, wie wir Altmann unter die Dusche kriegen. Der brüllt grad mal wieder mit hochroter Birne: „FLACH, FLACH!“, als unsere Jungs die Lederpille in den brasilianischen Himmel kicken. Seine Freundin guckt mit großen Augen in ihr Dekolleté. Mit einem empörten „Alles wie immer, du Spinner!“ holt sie zum Schlag aus. Noch bevor das kleine Fäustchen in seine Nähe kommt, müllert mein ehemaliger alter Freund für seinen Zustand erstaunlich elegant über die Sofakante ab.

Als der Schiri nicht pfeift, steht er leider völlig unverletzt wieder auf. Mein Martyrium ist noch lange nicht zu Ende.

## III. Die Wildecker Herzbuben

Verdammte zehn Tage vegetiere ich jetzt schon unter unsäglichen Qualen in der nach brasilianischem Urwalddung stinkenden Höhle, für die mein ehemaliger alter Freund ab und an Miete überweist, vor mich hin. Die ausgewogene und vitaminreiche Ernährung von der Firma *Funny Frisch* sowie ein nie versiegender Getränkezufluss aus polnischen Schwarzbrennereien haben ihre Spuren hinterlassen.

„Irgendwas zwischen Wildecker Herzbuben und Udo Lindenberg", spottet die ebenfalls anwesende geschmeidige Altenpflegerin, die abwechselnd uns und ihre umfangreiche Kastanienzucht gießt.

Mein im Ansatz durchaus genialer Versuch, den Ehemaligen auszutricksen, war kläglich gescheitert. Er hatte, der Ehemalige, eine gute Stunde lang über meinen Vorschlag nachgedacht, nur noch jeden zweiten Tag WM zu gucken, weil er doch dann nicht mal mehr umschalten müsse. Aber genau in dem Augenblick, als er zustimmen wollte, zerschmetterte die schwerst fußballsüchtige Geriatriebeauftragte eine leere Lambrusco-Flasche auf seinen einst so prachtvollen Locken. Als die letzte Scherbe leise austrudelt, hat der Ehemalige eine verblüffende Ähnlichkeit mit Özil. Auf Benzos. Forte. Mein Plan war im Arsch.

Also Ghana. Ein schönes Land. Ich gönne unseren Jungs die Reise an die Goldküste Afrikas. Hoffentlich schafft auch unsere Kanzlerin den Sprung ins Land der Ghanaesen. Um zu winken. Winken hilft. Der Ghanaese – oder auch Ghanaer, wie man heute sagt – lebt ja gerne in Großfamilie. So sind sie auch gleich mit einem ganzen gut elfköpfigen Familienclan angetreten auf dem grünen Rund des Spielfeldes. Der Gegner ist eine mir unbekannte Gurkentruppe namens *Fortaleza*, soweit ich das verstanden habe.

„Mach den Ventilator an!“, brüllt mein ehemaliger alter Freund.

Verwirrt schaue ich mich in der Höhle nach einem Schalter um und suche bangen Auges ängstlich an der rußgeschwärzten Decke nach einem rotierenden Windzerstäuber. Da ist nichts. Gut, ein paar im Abzugsfett über der Fritteuse festgefressene Fliegen im Todeskampf. Aber kein verdammter Ventilator.

Ein strammer Schlag auf den Hinterkopf holt mich in Mike Herbergers strenge Fußballschule zurück. Er habe mit der Ventilator-Metapher einen Spieler gemeint, erklärt er mir mit der Geduld eines Schafhirten. Spieler, das seien die zweiundzwanzig schönen, jungen Männer, die miteinander Ball spielten. Und ob ich das jetzt kapiert hätte. Ein zweiter Schlag auf die exakt gleiche Stelle am Hinterkopf bekräftigt seine Lektion. Beruhigt kann ich mich Gerhard Dellings Weste zuwenden.

Mir persönlich wäre die Tatsache, dass Reporter Delling eine – zugegebenermaßen – etwas eitel wirkende Weste trägt, eine Weste, die nahezu clowneske Züge an sich hat, also mir wäre das gleichgültig. Soll der Delling doch eine Weste tragen, denk ich mir noch so, als ein harter Schlag die immer gleiche Stelle am Hinterkopf trifft.

„Guck dir mal dem Delling seine Scheißweste an, du Idot! Und schreib was drüber, sonst gibt's was aufs Maul!“

*IDOT?* Der hat tatsächlich *Idot* gesagt, der Vollidiot.

„Die deutsche Mannschaft ist die fitteste von allen", orakelt der Ehemalige vor dem Anpfiff. Er wird diese Haltung im Laufe der nächsten Stunden erheblich korrigieren.

Thomas Müller, der ausgerechnet mich vor dem Spiel eindeutig angeblinzelt hat, ist nicht satt.

„Der ist ballsüchtig", erfahre ich von meinem Lehrmeister. Mir ist unklar, was ich mit dieser Information anfangen könnte, also halte ich den Mund und öffne ihn erst wieder für einen gut gekühlten Wodka *Zoładkowa Gorzka*.

Für jedes deutsche Tor gäbe es einen, sagt der Ehemalige. Und jetzt schon mal einen für die Nerven vorneweg. Für jedes von einem Polen geschossene Tor zwei.

Etwas unbeholfen kniet er auf dem Flokati nieder und betet voller Inbrunst für die polnisch-stämmigen Sportfreunde Lukas Podolski und Miroslav Klose. Das sind die Momente, in denen ich voller Inbrunst an unsere ehemalige wundervolle Freundschaft zurückdenke. Was war das für ein verrückter, toller Typ, der Altmann. Damals, vor meiner Entführung in sein obskures Fußballrefugium.

Altmann trägt das deutsche Trikot. Der Idot! Er weiß, dass es Unglück bringt, wenn er das deutsche Trikot trägt. Und auch noch die Rückennummer 20. Also Poldi in XXL.

Der protzige 48-Zoll-Fernseher meldet acht Minuten vor Spielbeginn, in den Stand-by-Modus schalten zu wollen. Ist das ein Zeichen des HERRN? Weiß Gott schon wieder mehr als wir?

„Wir dürfen um Himmels willen nicht auf Stand-by gehen!", sagt Jogi, der schwäbelnde Fußball-Goethe.

„Wer nachlässt, der verliert bei diesem Turnier“, ergänzt der nur für Menschen am Abgrund restsympathische Schuppenshampoo-Werbeträger.

Altmann bleibt stumm.

„Oh, sind die im Tunnel“, greint er dann doch. „Der Block bleibt bestehen“, analysiert er. „So, reinkämpfen, Leute!“, motiviert er erfolgreich die deutschen Kämpen. Also, nicht richtig erfolgreich. Eher erfolglos. Sie versuchen es ja. Doch. Ein bisschen. Nicht so richtig. Aber was sollen sie denn befürchten? Ghana war englische Kolonie. Ungefähr hundertfünfzig Jahre lang. Das sollte uns fußballtechnisch doch Hoffnung machen.

„UMSCHALTSPIEL, UMSCHALTSPIEL!“, brüllt Altmann.

Das Spiel läuft, der Ball rollt, der Joint kreist. (Im letzteren Bild ist *„Joint“* keine Wiedergabe einer realen Situation, sondern lediglich ein Sinnbild für Lebensfreude.) Ich höre auf *„Umschaltspiel“* und schalte auf RTL2. Erhalte umgehend einen brutalstmöglichen Schlag auf den Hinterkopf. Die Stelle kenne ich. Ich kann mich bloß nicht erinnern, woher.

„Die *Black Stars* beeindrucken“, kommentiert der Ehemalige nach geraumer Zeit und zahllosen Wodkas. Die Wodka-Regel war ein Stück weit ausgeweitet worden. Einen Wodka nach jeder sehenswerten Aktion der deutschen Mannschaft. Oder überhaupt nach jeder sehenswerten Situation. Oder nach jeder Situation, sehenswert oder nicht.

„Die Dominanz ist nicht zu spüren“, fasst der Ehemalige auf Halbzeithöhe zusammen.

Seine mit einer Aprikosenhaut – und ich meine junge, unter Spannung stehende, der Reife entgegenfiebernde Aprikosenhaut – gesegnete Pflegerin zeigt ihm kurz Dominanz. Ich schließe zur Sicherheit die Augen. Am Ende steht es 2:2. Duseliges Deutschland. Das alles ist noch nicht zu Ende. Wer betet für mich?

## IV. Das Stockholm-Syndrom

Ein unerwarteter Lichtblick trifft mich am zwölften Tag der brutalen Entführung mit der Kraft einer Laserkanone und zerfetzt mir spontan die linke Iris.

„Duhasheutfrei", nuschelt mein ehemaliger alter Freund. Sein Kopf, stelle ich fest, passt haargenau in die enge Sofa-Spalte, in der er gierig nach Lebensmittelresten sucht. „Ich mussmawieda picken."

Genau kann ich ihn nicht verstehen. Vielleicht hat er auch *ticken* gesagt. Aber *frei*, das habe ich gehört. *Frei* war dabei.

Vorsichtig mache ich ein paar unbeholfene Gehversuche über das klebrige Linoleum. Ich wanke, aber ich falle nicht. Ich bin Deutschland, 1942.

Erstaunlich, wie schnell aus einer schweren Umnebelung im Schädel klare, gesunde Bergluft wird. Kaum habe ich die Höhle verlassen – nicht ohne noch einen besonders liebevollen Schlag mit dem schweren Schlüsselbund auf die bekannte Stelle am Hinterkopf zu bekommen –, steht der Plan. Ein Dutzend *Fines de claire* (das sind Austern, Altmann!). Gratiniert, ausgebacken und roh. Dazu einen vernünftig gekühlten Weißen von der Loire. Ich meine, eine Kiste *Pouilly Fumé* (das ist Alk, Altmann!) müsste noch im Keller sein. Ein paar leichte Zwischengänge, Salat, Sorbet, so was. Dann Lammkarree. Ich sehe das rosa gebratene Fleisch schon vor mir liegen. Meine Zunge erigiert spontan und sondert kleine Schaumflöckchen ab. Muss komisch aussehen. Mir egal.

Walzer tanzend schwebe ich durch die Straßen meiner geliebten Stadt. Die Menschen, denen ich begegne, riechen fantastisch. Sie sind alle groß gewachsen, haben seidig glänzendes Haar und kerzengerade Beine. Sie sind so anders als mein Peiniger.

Auf der Höhe von *Mannis Tanke* biege ich gewohnheitsmäßig ab. Also rein. Zu Manni.

„Hast du einen Late Bottled Vintage Port, wenigstens dreißig Jahre alt?“, frage ich, völlig in Gedanken an meine dunkle, scharfe Schokoladensoße zum zarten Salzwiesenlamm versunken.

Ein feuriger Hieb auf die Stirn, genau gegenüber der vernarbten Schlagstelle am Hinterkopf, reißt mich aus meinen Träumen.

„Ich bin's, dein Tankwart!“, ruft mir Onkel Manni freudig entgegen und reicht ein Gebinde *Astra Rotlicht* über den Tresen. „Tabak, Filter, Blättchen haste?“

„Hab ich“, murmele ich. „Gibhaltnoch drei *McMannis* dazu. Tankeschön.“

Mannis berühmte Hotdogs, denke ich mir, passen doch wundervoll zu der Dokumentation über aussterbende Orchideenarten, die ich mir auf *Arte* ansehen will.

Mit meinem durch die Mast beim Ehemaligen stark

angeschwollenen Daumen bleibe ich jedoch bei der Programmsuche unglücklich auf dem Ersten hängen. Niederlande gegen Chile. Die Holländer stehen tief. Die Chilenen taktieren vorsichtig. Robben flankt vergeblich. Vergeigt nach einem fantastischen Sprint die Riesenchance. Zwei Hotdogs sind weg. Jetzt wird's eng. Das *Nutella*-Glas ist noch knapp halb voll. Könnte reichen.

Die zweite Halbzeit kämpferisch ganz in Ordnung, von Spielaufbau keine Spur. Dann, erwartbar, in der sechsundsiebzigsten Minute, Fer. Frisch eingewechselt. Ecke. Fer schraubt sich in den Himmel über São Paulo, muss den langen Schwanenhals noch fast nach unten drücken – und köpft ein. 1:0 für die Niederlande. Oranje fast sicher Gruppensieger und damit Achtungsgegner Brasilien im Achtelfinale ausgewichen.

Die Bestätigung in der Nachspielzeit. Auch Louis van Gaals zweiter Joker sticht. Bayern-Star Arjen Robben legt perfekt für den in der neunundsechzigsten Minute eingewechselten erstaunlich jungen Depay auf. Zwanzig Jahre ist der Bursche. 2:0 Endstand und im hollandverliebten Hause Altmann muss nun – einem alten Ritual folgend – für den Rest des Abends abgelaufener Orangensaft getrunken werden.

Während der Zusammenfassung des 3:0-Aufwärmtrainings der Spanier vor ihrem langen Heimflug verdrücke ich den letzten Hotdog und leere den *Astra*-Kasten. So alleine ist auch scheiße. Donnerstag spielt Deutschland gegen Klinsmann. Wie kann ich unerkannt zu der von strengen Gäraromen durchzogenen Altmann'schen Fußballfavela am Ufer des fauligen Flusses kommen? Ein paar geistig ganz weit vorne stehende deutsche Fußballfans zeigen mir den Weg. Blackfacing ist die Lösung.

Im Schatten der tief stehenden Sonne kehre ich mit rußgeschwärztem Gesicht zu meinem Peiniger zurück. Ich will dabei sein, wenn er unter Steffen Simons Kommentaren schreiend zusammenbricht. Béla Réthy tut's auch. Kollege Altmann, diese Schlacht ist noch nicht geschlagen.

## V. Dosenbier im All

Nicht nur die Meere sind so voll Müll, dass sich schon komplette Containerschiffe festgefahren haben. Auch im All sieht es kaum besser aus. Und es kommt noch schlimmer. Mein Kumpel Alex hat vorhin angerufen. Der Alex ist Geophysiker und macht gerade mit einem doofen Ami und einem gerissenen Russen gemeinsam Urlaub auf einer internationalen Raumstation.

Wenn Deutschland heute, am vierzehnten Tag meiner Verschleppung in das dunkle Reich des bizarren Fußballzaren Mikaelowisch Altmannov, wenn Deutschland also heute gegen die USA gewinnt, dann gibt der Alex den Jungs da oben ein paar Dosen Bier aus. Das haben sie in der Pausenwerbung gesagt. Und weil Werbung und Politiker in unserem Land nicht lügen dürfen, stimmt das. Was dann mit den Dosen passiert, kann man sich ja denken. Ein Kick und die sind für ewig in der Umlaufbahn.

Aber anders als die Umlaufbahn ist der Boden heute schwer. Weil es wieder mal regnet in Brasilien. Dagegen regnet es in Südkalifornien nie. Was jetzt wieder nur die älteren Musikliebhaber unter den Lesern verstehen. Und schwerer Boden, das kommt den Amis entgegen. Weiß die lebende Welttrainerlegende Altmann.

Er weiß auch, dass der Toni Kroos nachher ein schönes Tor mit einem Dreißig-Meter-Flachschuss schießen wird. Sagt er.

Der Toni hat dann kein so ein Tor geschossen. Bis zum Schluss nicht. Der falsche Goldlack des verehrten Herrn Experten kriegt erste feine Risse. Seiner Freundin missfällt das. Wir taufen sie mit einem kräftigen Bierschwall feierlich auf den Namen *Miss Feld*.

Die Nation will wissen, ob Kollege Klinsmann beide Hymnen singt.

Singt er. Opportunistenarsch.

Ich will wissen, was *Nivea* mit dem Werbespruch *„Wir stehen hinter euch"* meint. Wenn die Jungs duschen gehen?

Die Antwort kommt von *Bitburger*: *„Wenn aus einem Traum ein Ziel wird"*. Treffer. Mach ich mir ein Plakat draus. Für den nächsten *Christopher Street Day*.

Fußballtrainer müssen alle schlechte Zähne haben. Halten sich immer die Hand vor den Mund beim Sprechen.

„Das ist gegen die gefährlichen Lippenleser", klugscheißt Oberlehrer Altmann, dieses Monument menschlicher Unzulänglichkeit. Eine fleischgewordene Mischung aus Hamburger Elbphilharmonie und Stuttgart 21 mit einer gehörigen Portion Berliner Flughafen.

„Das wird eine Ü-30-Party", witzelt er bei der Aufstellung.

Altenbashing, das ist sein verzweifelter Versuch, sich gegen den eigenen Verfall zu stemmen. Und dabei sitzt der Sensenmann doch längst in Altmanns Anbauwand und reicht ihm grinsend Chips.

Die ziemlich schöne Freundin meines ehemaligen alten Freundes starrt entsetzt auf den Baumarkt-Couchtisch, kreischt ein Loch ins All und fliegt wie ein losgeschnipster Luftballon durch die upgegradete Sozialbauwohnung. Ziel ihrer spontanen Reise ist das *Panini*-Bild von Mats Hummels. Der Hummels muss bei deutschen Spielen immer auf der Fernbedienung liegen. Sonst: Unglück.

Es ist in Wahrheit nur ein *Lidl*-Bild. Am *Supersamstag* gemeinsam mit einem üppigen Vorrat vorgewürzter Tütenbratkartoffeln billig geschossen. Als Maskottchen für die Armenhaus-Version von *Bonnie und Clyde* aber völlig ausreichend.

Irgendeiner schießt knapp am US-amerikanischen Gehäuse vorbei. Mein schnaufender Couchnachbar fachmännelt: „Da fehlen zwanzig Zentimeter."

Ich so bei mir: „Das waren sechzehn, kleiner Peter."

Laut sag ich das nicht. Seit der achten Spielminute ist mein Bier alle. Da heißt es, nix zu riskieren.

Ein deutscher Spieler kriegt einen gelben Schein hingehalten. Hat der Schiri Schnupfen?

„Wenn der das konsequent durchpfeift, is' es in Ordnung", meint der Ehemalige.

Ich so bei mir: „So konsequent wie hier die Bierversorgung?"

Laut sage ich das nicht. Begründung wie vorab.

Es läuft nicht. Irgendwie läuft es nicht. Wie auch? Wir haben die Sitzungsordnung vom ersten Deutschland-Spiel nicht eingehalten. Da hätten wir auch gleich den Rasen von Recife mit einer abgelaufenen Fliegerbombe sprengen können. Und Altmann hat das Deutschland-Leibchen an. Er weiß, dass dies das Unglück anzieht wie seine verkrustete Klobrille im Abendlicht schillernde Schmeißfliegen.

Klose kommt. Wie einst Erna.

„Ein klassischer Stoßstürmer", erklärt uns Altmann, der randschlesische Co-Kommentator. Und dass Manuel Neuer ein spielender Torwart ist. Lego, Playmobil, Zauberwürfel, Monopoly? Keine Ahnung.

Die Schöne gibt dem Ehemaligen die einzig passende Antwort. „Ich war gerade in meinem Kopf so manifestiert, nicht in das Wodka-Glas unseres Gastes zu aschen, da konnte ich nur mit einem Viertelohr zuhören."

1:0 gegen Altmann. Ich feiere ausgelassen. Auf dem saugstarken Sofa kann man's ja laufen lassen.

## VI. Schnittchen und Eierlikör

Die Tage und Nächte in der Höhle meines Peinigers laufen schmierig ineinander wie Eiter und Blut eines vorfrüh aufgekratzten Pubertätspickels. Längst schon verspüre ich keinen Einzelschmerz mehr. Ich sieche im Ganzen. Heute ist wieder *Fuppes*. Soweit ich verstanden habe, hat der Trainer Joachim „Jogi" Löw aus Schönach im Schwarzwald ein Testspiel gegen irgendeine Karnevalstruppe angesetzt. Trainer Löw will herausfinden, was genau passiert, wenn er nichts verändert. Auch Altmann will herausfinden, was passiert, wenn er nichts verändert. Also schickt er mich wieder zum Dönermann.

Irgendetwas in mir flammt auf. „NEIN!“, höre ich mich schreien. „Bitte nicht schon wieder!“, gurgelt es durch meine schadhaften Zahnreihen. „Ich mach uns einen schönen *McGörlitz*. Einen Spezial-Burger mit schlesischer Weihnachtsbratwurst“, biete ich an.

„Geh Bier holen!“, spricht der Peiniger. Er will Zeit gewinnen, um über meinen Vorschlag nachzudenken.

Mühselig schleppe ich mich auf den blutigen Stümpfen meiner im Wundbrand verrottenden Füße zu Manni. Mitleidig steckt mir der Spätiwirt eine abgelaufene *Bambini*-Tafel zu. „Du brauchst mal paar Vitamine“, sagt er – und: „Lass die Kohle stecken.“

Ist das der Tag, an dem alles anders kommt?

„Alles kann anders kommen“, hatte mir mein ehemaliger alter Freund doch vorhin noch erklärt.

„Wie, du meinst, Mustafi rennt die Linien hoch und runter und schlägt Bananenflanken wie einst Manfred Kaltz?“, antworte ich.

Etwas in mir fragt: Wer denkt bei dem Namen Kaltz schon an Bananen? Einen Mustafi-Witz oder etwas über ostdeutsche Bananen-Fantasien verkneife ich mir. Male mir zur Strafe für den Gedanken trotzdem das Gesicht weiß an. Hab ich mir bei den lustigen Fans von Nigeria abgeguckt.

„Wichtig ist, dass man den Spieler auch mal an die Hand nehmen muss. Dass man ihm verbal zeigt, dass er voll akzeptiert ist. Und dass man ihm das ein oder andere Kommando gibt. Dann fängt der an, sich nach und nach wohlzufühlen. Und dann bringt der auch seine Leistung."

Meine Kommentare kommen inzwischen kahngleich und sind für das Spielverständnis eine große Hilfe. Ärgerlich, dass mir niemand zuhört. Fast könnte man meinen, die besser betuchten Touristen wechseln eilig die Straßenseite, wenn sie mich in meinen zerfetzten Lumpen mit dem Bierkasten im Bollerwagen heranhumpeln sehen. Einige Einheimische stecken mir überzählige *Panini*-Bilder zu. Eine feine Geste.

Irgendwas ist anders, als ich zur Höhle zurückkomme. Heller. Es riecht nach Limone. Und Jasmin. Eis klirrt knisternd in hochwandigen Gläsern. Silberplatten mit *Rocher*-Goldkugeln und gekühlten *Raffaello*-Pralinés werden gereicht. Menschen lachen kultiviert und führen Gespräche über Kunst und Kultur. Ein Häppchenbuffet lädt zum Schmausen ein. Ganz besonders gefallen mir die putzigen Obstspieße, die die zauberhafte Freundin des Ehemaligen zu hohen Türmen aufgestapelt hat.

„Aki, mein Lieber!", ruft sie, als sie meiner ansichtig wird, und gibt mir zweiunddreißig Wangenküsse. „Wir freuen uns ja so sehr, dass du es einrichten konntest."

Mein alter Freund lässt mir seinen von langen einsamen Monaten gestählten Unterarm auf die Schulter krachen. „Möönsch, Krüger! Ohne dich wär die Welt doch scheiße!"

Ich lerne einen japanischen Komponisten elektronischer Sphärenmusik kennen, der seit Jahren alleine auf einer Insel leben soll. Werde Zeuge eines ungeschützten Säbelduells zweier bereits stark vernarbter Corps-Studenten, die sich nach jedem blutigen Treffer gegenseitig

Respekt und Achtung versprechen. Bekomme von Konstantin Weckers Agent überschüssiges Kokain angeboten und von einer Bielefelder Punkerin Champagner aus ihrem linken Springerstiefel.

Wäge kurz ab. Entscheide mich für zwei Schinkenschnittchen mit Spreewaldgurke und eine Flasche Eierlikör. Der Abend nimmt einen hervorragenden Verlauf. Ganz mein Geschmack. Eine junge Prozesspsychologin knabbert sich an meinen Knien entlang. Was für ein dreckiges Spiel. Ich verlange ein *Cooling Break*.

Lahm geht steil. Altmanns schöne Altenpflegerin schlägt Béla Réthy, den komischen Kommentator aus der Wirtschaftswunderzeit, um Längen mit ihrer Ansage an meinen unentwegt essenden lieben alten Freund. „Hauptsache, die Schnute wackelt."

Deutschland gewinnt 2:1. Am klaren Nachthimmel über dem Balkon meiner charmanten Gastgeber ziehen sich die Sterne zusammen. Glitzernd und funkelnd ist am Firmament deutlich Manuel Neuer zu sehen.

## VII. Koch oder stirb

Übersät mit schwarz-violett schimmernden Blutergüssen finde ich mich in der Küche meines Peinigers wieder. Am zweiundzwanzigsten Tag meiner Entführung hat sich meine Situation nicht entscheidend verbessert. Eine schwere Eisenkette verbindet mich mit dem Herd und lässt mir so viel Freiheit, dass ich gerade noch Töpfe und Pfannen erreiche.

Es müssen Psycho-Pilze gewesen sein, die mir vor wenigen Tagen das glückliche Ende meiner Entführung vorgegaukelt hatten. Jedenfalls habe ich einen modrigen Geschmack im Mund und ein Lehm-Sand-Gemisch zwischen den Schneidezähnen. Gut, das habe ich am nächsten Morgen oft, wenn wir bei meinem ehemaligen alten Freund abends zu einer „dienstlichen Beratung" zusammensitzen. Aber mit einem gut zweitägigen Erinnerungsriss war das bisher noch nie verbunden.

*„Koch oder stirb!!"* steht mit krakeliger Hand geschrieben auf einem speckigen Zettel an der Kühlschranktür. Mit zwei Ausrufezeichen.

Ich habe eine starke Ausrufezeichenallergie und bekomme sofort rote Pusteln im Hodenbereich. Das muss gekühlt werden.

Thinka, die treue Vierbeinerin mit dem Blick eines Puszta-Pferdes kurz vor der Verarbeitung zu Paprikawurst, steht mit hechelnder Zunge bereit. Ich entscheide mich dann doch für Crusheis. Wie tief kann ein Mensch sinken?

Das Maracanã-Stadion ist über die Jahre zu einem lächerlichen Hinterzimmer zusammengeschrumpft. Genau wie die gammelige Gurke, die der Ehemalige entsetzten Auges in seiner Hand hält.

Durch einen glücklichen Zufall war ich im Sommer 1950 bei einer ausgedehnten *Segway*-Tour durch Südamerika auf dem Schwarzmarkt an eine der letzten Karten für das Weltmeisterschafts-Finale Brasilien gegen Uruguay gekommen. 203.851 Zuschauer, was für ein Kessel voller

Emotionen! Trotz der Niederlage legte ich noch in derselben Nacht den Grundstein für zahlreiche Vaterschaften. Die armen Menschen brauchten Trost.

Nach etlichen Umbauten hat das einst so stolze Stadion heute nur noch ein Drittel des damaligen Fassungsvermögens. Ganz anders als der Ehemalige, dessen Fassungsvermögen für Bier und artähnliche Erzeugnisse sich ständig steigert.

Der Anblick der traurigen Schrumpelgurke lässt mich meinen Kochplan ändern. „Eier! Wir brauchen dicke Eier!“, herrsche ich den Ehemaligen an.

Bedauernd zuckt er mit den Hängeschultern. Schade. Eiersalat mit fettiger Fertig-Mayo hätte gut ins Gesamtbild gepasst.

„Steht heute etwa das Ergebnis im Vordergrund?“, fragt Delling.

„Nein!“, blafft ihn der Ehemalige an. „Heute steht mal das Seitenaus im Vordergrund.“

„Oder die zweifelhafte Qualität der Schiedsrichterassistenten“, rufe ich durch den klebrigen Plastiklamellenvorhang, der die karge Küche mit ihrem rohen Betonfußboden vom üppig mit Perserteppichen ausgelegten Wohnbereich trennt.

„Halt's Maul und koch!“, meine ich noch gehört zu haben, als ein reichlich gefüllter Aschenbecher auf seiner Flugbahn eine stark vernarbte Stelle meines Hinterkopfes aufplatzen lässt.

Ich geh schnurstracks in die Knie und träume davon, dem glatzköpfigen Ehemaligen ein Oberlippentoupet aus den Schamhaaren eines Bonobo-Weibchens anzukleben. Das erheitert mich so sehr, dass ich Sekunden später in bester Laune in den Vorräten wühle. Bald darauf zieht der wunderbare Duft von gebackenem Kalbsbries durch das luftige Loft.

Das zarte Bries zergeht wie warme Butter auf Thinkas Zunge. Der Ehemalige kriegt sechs wabblige Wiener aus dem Glas, die er in sieben Sekunden verschlingt. Für die schöne Pflegerin des Ehemaligen grille ich ein streng biologisch mariniertes Scheibchen vom vegan ernährten Schwein. Wie eine Königin auf dem Weg ins Pfandleihhaus schwebt sie auf ihrem gefühlt dreiunddreißigsten Marsch zum Männerklo an meiner Zelle vorbei und schenkt mir einen Blick voller Polareiswürfel. Das Spiel beginnt.

## VIII. Das nimmt Zeit von der Uhr

Ist das System an sein Ende gekommen? Brauchen wir neue Einflüsse?“

Mein Blut gefriert schlagartig zu ewigem Eis. Was ist denn in den Altmann gefahren? Stellt der jetzt tatsächlich gesellschaftskritische Fragen? Ist er womöglich die Wiedergeburt von Jakob Böhme, dem größten Sohn seiner Stadt?

Vorsichtig linse ich unter der stinkenden Pferdedecke hervor, die mein Entführer mir über den Kopf gestülpt hat.

Erleichtert atme ich auf. Mein ehemaliger alter Freund plappert lediglich mit glasigen Augen Mehmet Scholl nach, der in den kurzen Werbepausen vor dem WM-Spiel

Deutschland gegen Frankreich die Menschen ganz erfolgreich zum Wasserlassen animiert.

In der Werbung haben sie das schöne Lied von der Rügenwalder Wurst gespielt. Ich mag – meine lieben Leser wissen das – Rügenwalder Wurst furchtbar gern. Jede Rügenwalder Wurst, das verspricht die Werbung glaubhaft, wird in einem ganz traditionellen Verfahren einzeln von einem breitschultrigen Rügenwalder Fleischer über einer geheim gehaltenen Holzmischung geräuchert und dann von 70-jährigen Rügenwalder Jungfrauen per Hand liebevoll über die Oberschenkel in grob gereinigte Naturdärme gestrichen. Auf so was hätte ich jetzt große Lust. Aber die feinen Herrschaften Entführer haben heute „irgendwas mit Kaviar“ bestellt. Kacke! Wo soll ich das jetzt herholen?

In diesem Moment keimt Hoffnung in meinem Herzen auf und bewegt mich wie sanfte Wildgräser im Wüstenwind nach einem Sommerregen. Steffen Simon wird kommentieren. Das Valiumwunder der ARD. Vielleicht würde mein Peiniger entschlummern und es ergäbe sich die Möglichkeit zu einem gewagten Sprung über das Balkongeländer? Lieber achtzehn Meter in die Tiefe als noch einen Tag länger hier.

„Es geht in dem Spiel darum, dass du vorne liegst“, erklärt Wissensinhaber Altmann seiner schönen Pflegerin.

Die nickt eifrig, macht aber dabei nicht wirklich den Eindruck, den Kern der Botschaft verstanden zu haben. Ich auch nicht.

3:1 werde das Spiel ausgehen, legt Herr Schlau-Schlau sich schon mal fest. „Torschützen: Özil, Schweinsteiger und Müller." Und insgesamt sei das ein schöner Teppich, auf dem man spielen kann.

Ich nicke ebenfalls unter meiner Pferdedecke. Jetzt bloß nicht lachen, denke ich mir angesichts solch enormer Expertise. Bloß nicht.

„Wenn wir verlieren, dann nur, weil sich so viele Deutsche rasiert haben."

Ich kann nicht mehr. Die Heiterkeit in mir bricht sich Bahn. Ich explodiere vor Lachen und werde zur Strafe mit einem Kübel voller siedendem Altöl übergossen. Das ist mir der Spaß wert.

Mats macht's. Hart von der Latte direkt in die Kiste rein. Find ich jetzt normal. Macht Mario Barth doch auch jeden ersten Sonntag im Monat.

Altmann ist im Glück. „Das riecht ja schon gut", sagt er ungefähr sechzig Mal. Und dass Lahm genau da hingehört. Und dass einer mal bei Özil auf der Fernbedienung *Schneller* drücken muss. Und dass wir „jetzt in einer kleinen Hängephase" sind. Und dass der verschissene Schiedsrichterassistent die Fahne heben soll. Ich bewundere das alles sehr.

„Was ist denn mit Kroos los? Ist das sein Mecklenburger-Benachteiligten-Gen?", brüllt der Ehemalige.

Er hat, das beweisen ja alleine schon seine vielen Frauentexte, ein großes Herz für Menschen, die im Abseits leben. Weniger Herz hat er für die zwölfjährige Tanja, die jetzt schwanger ist, wie wir in der Halbzeitpause erfahren. Es sollte gesetzlich geregelt sein, dass man Fußball – einschließlich der Pausen – nur unter Männern gucken darf. Plus Biddy Burns aus Mönchengladbach.

Endlich hört Löw auf Altmann. Özil geht. Noch sieben Minuten. Ecke.

„Das nimmt Zeit von der Uhr."

Bei den Froschfreunden kommt Giroud.

„Das ist ein Strafraumtäter."

Schüsse fallen. Aber Manu der Libero nimmt den Ball in seine großen Hände. Sieg für Deutschland.

„Das war ein ganz klares Ergebnisspiel."

Ich sinke dankbar auf die Knie.

Noch ein Altmann-Kommentar mehr und meine Aorta hätte sich pulverisiert.

Das zweite Spiel des Abends werde ich mit der Schönen und dem Schälchen Beluga alleine schauen. Sie hat ihren ganz persönlichen Pflegefall vorfristig ins Bett gebracht. Er sah etwas grünlich aus, ganz so, als müsste er ausführlich über unsere interne Wodka-Regel nachdenken.

## IX. Wir sind Meister

Im berühmtesten Görlitzer Späti wirst du nicht mit „Sauf schön!" oder ähnlichen szenetypischen Unflätigkeiten verabschiedet. Manni, der Tankwirt, wünscht „Maximalen Biergenuss!", wenn du seine heiligen Trinkhallen verlässt. Diese Stadt ist historisch so vornehm, da hält dir ein dritter Trinker noch höflich die Tür auf. Sehr angenehm, gerade wenn die Kraxe bis unter die Deckelschnalle vollgepackt ist. „Bierisalle", hatte Herr Altmann gleichermaßen knapp wie schlecht gelaunt angesagt.

Da ich auch in meiner furchtbaren Situation am siebenundzwanzigsten Tag der Verschleppung in die Fußballhölle meines ehemaligen alten Freundes den Anstand wahre, mache ich mich natürlich sofort auf den Weg, um die gewünschten Getränke zu besorgen. Listig hatte ich mir in den wenigen spielfreien Minuten Hilferufe in die Kleidung genäht. Jetzt musste ich die Klamotten nur unauffällig in den Straßen ablegen.

Die vorzügliche Beratung durch Biersommelier Manni hat meine Laune blitzlichtartig aufgehellt. Ich trällere den Soundtrack meiner Lieblingsoper *„Aida“* und jongliere übermütig mit sieben leuchtenden Nuklearstäben, die mir ein ausgewanderter Freund aus Japan geschickt hat. Die verstreuten Kleidungsteile waren in der kurzen Zeit schon samt und sonders von wachsamen Bürgern aufgelesen worden. Meine Rettung scheint zum Greifen nah. Jubilierend ziehe ich im Triumphmarsch auf den Ort zu, an dem ich nun fast einen Monat lang gefangen gehalten wurde.

Kurz vor der Stadtbrücke, die gleichzeitig auch die Staatsgrenze ist, winke ich einem netten älteren polnischen Herrn zu. Er trägt lustigerweise genau so eine Jacke, wie ich sie bis vor Kurzem hatte, und sein kleines Ziehwägelchen ist gefüllt mit allerlei weiteren Textilien, die mir vertraut erscheinen. Das freut mich sehr für den armen Mann. Er winkt zurück.

Ächzend hieve ich Minuten später den rappelvollen Rucksack auf die marmorne Arbeitsplatte in Altmanns weitläufiger Küchenlounge. Kaum ploppen die Verschlüsse, fliegen auch schon zwei argentinische Black-Angus-

Steaks in die rauchendheiße Pfanne. Die schöne Pflegerin hatte um eine leicht getrüffelte Erdapfelsuppe gebeten. Friedlich vereint, mümmeln wir kurz darauf zufrieden vor uns hin.

Da wir uns immer um den Abwasch rangeln, verteilen wir Hölzchen. Altmann, der Glückspilz, zieht den Kürzesten. Das hatte er vorher heimlich auf der Toilette geübt. Fröhlich lässt er seine frisch manikürten Finger in den wohltemperierten Wasserstrahl gleiten. Ob er auch das vorher heimlich auf der Toilette geübt hat?

Ach, hinweg mit trüben Gedanken! Viel lieber versenke ich meinen Blick in das über und über mit orangen Applikationen bestickte Abendkleid, mit dem die Schöne heute ihren niederländischen Helden den Weg ins Finale versüßen will. Mein alter Freund hat sich – passend zu seiner knackigen Figur – ein körperbetonend tailliertes Hemd mit eingewirkten silbrig glitzernden Seidenfäden übergeworfen und trägt dazu eine elegant-sportive Clubjacke in Marinebleu.

Angesichts der wertvollen Kunstwerke an den Wänden dieser gleichermaßen lässig wie luxuriös eingerichteten Eigentumswohnung wollen mir die hinter mir liegenden Wochen nicht mehr ganz so düster erscheinen. Sicher, es gab Momente der Verzweiflung. Und bis heute habe ich trotz gegenteiliger Beteuerungen nicht wirklich verstanden, wann genau sich die Abseitssituation denn wieder aufhebt. Aber alles in allem war es doch eine gute Zeit. Mein lieber alter Freund hat ein phänomenales Verständnis für Fußball. Er liest das Spiel schneller, als der Ball fliegt. Er sagt mit einer sensationellen Trefferdichte jedes Foul an, erkennt Schwalben noch im Flug, sieht voraus, dass Messi stehen bleibt, bevor der überhaupt losgelaufen ist, und weiß jedes Seitenaus der richtigen Mannschaft zuzuordnen. Seine charmante Gefährtin hatte die Versorgungslage eigentlich stets fest im Griff, lächelte vor allem nach dem Essen nahezu durchgehend und klappte schön den Deckel hoch, wenn sie wieder mal auf dem Männerklo war. Wir sind Weltmeister, egal, wie das am Sonntagabend ausgeht. Nur unsere Wodka-Regel sollten wir nach dem 7:1-Brasilien-Desaster noch mal überdenken …

# VON DEN GEFAHREN DES AUTOFAHRENS

Ich fahre nicht gerne Auto.

Da ich keinerlei weitere Marotten oder unangenehme Eigenschaften an mir kenne, stehe ich aufrecht wie ein vom Blitzeis überraschtes Erdmännchen zu dieser Abnormität. Erst neulich, als ich gezwungen wurde, in einem Auto zu fahren, fuhr mein geliebter Rucksack auf dem Rücksitz mit. Durch eine der Gesamtverkehrssituation geschuldete überraschend eingeleitete Gefahrenbremsung der sonst für Umsicht und vernünftige Lebensführung bekannten Fahrerin, rutschte selbiger Rucksack zu Boden. Im Aufprall zerschellte eine der sich im Rucksack ordnungsgemäß gestapelten Flaschen Rotwein und zerstörte die Festplatte meines Klapprechners. Nachhaltig.

An dieser Stelle über vorsorgliche Datensicherung oder getrennte Transportvorrichtungen für alkoholische Getränke und elektronische Geräte zu lamentieren, böte sich wie auf einem handgedengelten Silbertablett an, ist aber müßig. Ich fahre einfach nicht so gerne Auto. Wer mir an dieser Stelle ein grünes Herz andichten möchte und lange anhaltend applaudieren für meine Ehrfurcht vor Gottes Schöpfung und der heiligen Mutter Natur, der lasse alle Hoffnung fahren. Ich fahre wirklich nur einfach nicht so gerne Auto.

Nicht, dass mir beim Autofahren schlecht würde. Ich kann gegen die Fahrtrichtung sitzend auch bei hohen Geschwindigkeiten ohne aufkommenden Würgereiz ein wissenschaftliches Fachbuch lesen. Selbst wenn die Scheiben beschlagen sind und der säuerliche Geruch vergärender Kinderkotze mir aus den bonbonverklebten Rücksitzschlitzen in die Nase steigt. Sie treibt mich nicht um, die Angst, unter einen tonnenschweren rumänischen Holzlaster mit ungesicherter Ladung zu geraten. Auch nicht beim Passieren von elend langen Autobahnbaustellen, wo das blanke Gummi der abgefahrenen Lkw-Reifen selbst für kleine Babyärmchen zum Greifen nah vorüberrollt.

Auch mangelt es mir an jedweder traumatischen Begegnung im Zusammenhang mit Automobilen. Kein auf der Rückbank unglücklich abgebrochener Koitus blockiert meinen emotionalen Zugang zu motorgetriebenen Fahrzeugen. Es ist, und das kann doch nicht so wahnsinnig schwer zu verstehen sein, in der Tat nichts weiter als eine leise, unschuldige, mich in meiner Lebensführung nicht weiter einschränkende Abneigung.

Was aber macht die Gesellschaft aus diesem liebenswerten Lapsus? Sie stempelt mich ab. Als einen Aussätzigen. Alleine schon dieses wissende Lächeln aller Anwesenden, wenn ich vergesse, mich vor dem Besuch einer Bar meiner Hosenklammer zu entledigen.

Das wunderbare Internet-Lexikon *Wikipedia* widmet der Hosenklammer einen eigenen Artikel, in welchem zu lesen ist, dass die Hosenklammer in der Regel am rechten Hosenbein getragen wird. Kein Wort verliert aber *Wiki* über die demütigende Wirkung einer nicht abgestreiften Hosenklammer vor dem Betreten eines großstädtischen Vergnügungsetablissements.

*Lappen abgegeben?*, rufen mir die grinsenden Fratzen wortlos entgegen. *Dumm gelaufen, du armseliger alkohol-*

*abhängiger Anfänger. Hättest du mal bei der Kontrolle ein, zwei Hunderter zu den Papieren gesteckt. Deine Mutter hat dich doch als Ei im Sand vergraben. Lauf hier bloß nicht als fleischgewordener Vorwurf gegen die dicken Jeeps rum, mit denen wir verblondeten Zahnarzt-Gattinnen unsere lieben Kleinen zur Kita kutschieren. Einen wie dich sollte man an der nächsten Zapfsäule aufknüpfen, du perverser Velosalafist. Und dazu eine brennende Luftpumpe ins Ohr rammen.*

Das alles widerfährt Menschen, die nicht gerne Auto fahren. Demnächst schreibe ich etwas Schönes über meine Abneigung gegen Auberginen.

# GEMEINKAUF

Frauen und Männer können manches miteinander. Einen gemeinsamen und gleichzeitig entspannten Lebensmittelerwerb bei einem innerstädtischen Food-Discounter findet man auf dieser schönen Liste nicht.

Schon höre ich das täppische Gezeter von Kritikerinnen aus der stets etwas untersalzt scheinenden Biotussen-Oberschicht. Das sind jene mich wenig interessierenden Damen mit semi-akademischem Hintergrund, deren geplagter Zahnarztgatte Abend für Abend mit entmineralisiertem Ardennenwasser und den gewürzarmen Scheußlichkeiten der ayurvedischen Küche empfangen wird und sich dabei so sehr Pommes Frites mit fettiger Fertigmayonnaise wünscht. Diese weitgehend geschlechtslosen Wesen tummeln sich mit Vorliebe auf betont authentischen Bauernmärkten, wo die gemeine rheinische Industriekartoffel mit Hilfe von zugekauftem Faulschlamm zu einem köstlichen Erdapfel aus der nur von Schafen und verwegene Hüte tragenden Schäfern bewohnten Magdeburger Börde wird.

Beim Einkauf der Zutaten für ein Broccoli-Curry oder einen bunten Gersten-Eintopf mit Berberitzen prüft diese hochkritische Klientel jedes Gräupchen per Augenschein und sinnlich-haptischer Wahrnehmung. Wettergegerbte Apfelbauern werden auf absurd große Entfernung beim Vornamen gerufen, um die ungeheure Zuneigung zu diesen echten Menschen zu unterstreichen, die nicht ohne Stolz einen beträchtlichen Teil der Mutter Erde unter den Fingernägeln in die urbanen Zentren tragen.

Kaum dass der fair gebundene Binsenkorb mit den unter sanften Gesängen von ihren Wurzeln getrennten Gemüsen auf der Arbeitsplatte abgestellt ist, die vor wenigen Jahren ein arbeitsloser polnischer Tischler für sehr kleines schwarzes Geld maßgefertigt hat, wird ein durch die verständliche Aufregung etwas unscharfes Foto der schrumpeligen Naturprodukte in allen sozialen Netzwerken verteilt.

Die aber, wie oben erwähnt, interessieren mich gar nicht, die Grapscher, Fühler, Wühler, die ihre stumpf geschnittenen Nasen – putzigen Ferkelchen gleich – an gespritzten Bosköpfen reiben und dazu wohlig grunzen. Meine erstaunte Aufmerksamkeit gilt den anderen, den kühl kalkulierenden, den Einkaufsoptimiererinnen. Die mit mathematischer Präzision Rollwege berechnen. Jede Zutat auf der Einkaufsliste bildet einen festgelegten Haltepunkt auf dem Schienennetz zum Kassenband. Abweichungen sind unerwünscht. Preisvergleiche sind erlaubt. Sinnieren über die globale Bedeutung des Verzehrs saisonaler Gemüse ausdrücklich nicht. Nur – und ich meine nur – Frauen sind dazu in der Lage, ihr Herz beim Einkaufen in einem Discountmarkt vorne am Service- und Reklamationsschalter abzugeben. Entscheidungsschwache männliche Informatiker mit überweicher Haut auch, lassen wir die mal außen vor. Träumen und Staunen vor einem Regal mit Macadamianüssen ist weiblichen Feldwebelseelen fremd. In einem eingeschweißten Schweinefuß die Umrisse Neuseelands entdecken ebenso.

Warum erzählt die *EDEKA*-Fernsehwerbung eigentlich solch wundervolle Geschichten von Verkäufern, die ihre Lebensmittel lieben? Wohl kaum, damit der sympathische

Wursträdelschneider, der mehrere Kilo Schweinehack mit der Hand grammgenau abwiegen kann, unter den metallisch glänzenden Einkaufswagenrädern einer hocheffizienten weiblichen Beschaffungsarmee zerquetscht wird. Manchmal wünsche ich mir, mit der alten Krause von Kasse zwei einen wilden Wiener Walzer zu tanzen, quer durch die Backzutaten. Doch weiß ich wohl, was sich gehört, und folge meiner Frau.

# ICH HABE FABIAN PLANK GESEHEN

Neulich las ich in einer deutschlandweit geachteten Zeitung, dass hundeteure, winzig kleine *Céline*-Handtaschen die neuen Silikonbrüste seien. Das gelte vor allem für reiche Russinnen im Urlaub. Die nähmen, war zu lesen, die teuren Handtaschen sogar mit an den Strand. Wo einem so eine teure Handtasche ja gerne mal abhandenkommt. Wenn man baden geht, zum Beispiel.

Schön, dachte ich bei mir, schön, dass Journalismus nicht immer nur oberflächlich, reißerisch und billig ist, sondern auch ab und an mit einem unverschalten Hochgeschwindigkeitsfahrstuhl in die investigative Tiefe einer Geschichte rauscht.

Leider reichte die Tiefe des betreffenden Artikels dann doch nicht bis in den Intimbereich der reichen russischen Damen, über den ich mich aus rein wissenschaftlichen Gründen gerne ein wenig intensiver belesen hätte.

Auf besagten Artikel stieß ich durch eine überraschende Umleitung, wie sie in modernen Internet-Veröffentlichungen technisch machbar sind. Eigentlich hatte mein Forschungsinteresse der *Generation Y* gegolten, jenen jungen Menschen, die stets traurig sind. Ich aber frage mich angesichts zum Beispiel der schwierigen Situation des Lausitzer Muffelwildes so manches Mal, wer denn jetzt mehr Grund zur Traurigkeit hat. Seit der Wolf die von gehfähigen, intelligenten Menschen aus gutem Grund weitgehend verlassenen Brandenburger Auen und Wälder zurückerobert, geht es dem Mufflon nämlich an den pelzbesetzten Kragen. Dagegen tanzt die *Generation Y* doch als funkelndes Einhorn über taubenetzte Blumenwiesen.

Traurig, so verriet mir der den sowjetischen Silikonbrüsten vorgelagerte Artikel, traurig seien die bedauernswerten Geschöpfe der *Generation Y*, weil ihre depperten Eltern ihnen ständig eingeflüstert hätten, dass sie etwas ganz Besonderes seien. Und alles schaffen könnten. Das hat ihnen gut gefallen, den lieben Kleinen, und so haben sie sich in der Sicherheit, etwas ganz Besonderes zu sein und alles schaffen zu können, auf eine große Schaukel gesetzt und sich anstupsen lassen, bis ihre feinen Lackschühchen den Himmel berührten. Und von dort sind sie nie wieder abgestiegen. Warum auch? Sie waren ja etwas ganz Besonderes und konnten alles schaffen.

Die Realität dagegen ist eine dreckstarrende, von Pestilenz und Eiterbeulen überzogene Hexe mit grauenhaftem Mundgeruch. Und wenn du auch nur ein schmales abgenagtes Knöchelchen vom fetten Sonntagsbraten abbekommen willst, musst du mit ihr ins Bett. Da kann man schon mal traurig sein.

Ganz anders geht es Fabian Plank.

Ich habe Fabian Plank kürzlich tatsächlich dreimal an einem einzigen Tag getroffen. Beim dritten Treffen rief ich ihm quer über die Straße, ich glaube, es fuhr sogar eine Straßenbahn zwischen uns entlang, jedenfalls rief ich ihm zu, dass ich gewiss eine Geschichte schreiben wolle mit dem geheimnisvollen Titel *„Ich habe Fabian Plank gesehen“*.

Ich weiß ganz wenig über diesen Fabian Plank. Er trägt ausschließlich Schwarz und raucht ungeheuer viel.

Gelegentlich befällt mich die Frage, ob er womöglich eine Apparatur an der Zimmerdecke über seinem Bett angebracht hat, die es ihm ermöglicht, während des Schlafs weiterzurauchen, ohne dabei entflammt zu werden. Solcherlei skurrile Gedanken löst Fabian Plank, von dem ich nicht viel weiß, in mir aus.

Wie ich Fabian Plank kennengelernt habe, weiß ich nicht mehr. Er ist einer von der Sorte, die irgendwie schon immer da waren, auch wenn sie gerade erst gekommen sind. Man kann – und das ist wunderschön – Fabian Plank beim Denken zusehen. Da er immer denkt, ein ungeheuer fleißiger Dauerdenker ist wie vielleicht Voltaire oder meinetwegen Baudelaire, kann man ihn stets und ständig dabei beobachten, ohne jemals darauf zu kommen, was der Inhalt seines Denkens ist.

Gelegentlich befällt mich die Frage, ob er womöglich eine Apparatur an der Zimmerdecke über seinem Bett angebracht hat, die es ihm ermöglicht, während des Schlafs weiterzudenken, ohne davon geweckt zu werden.

Ich kenne tatsächlich keinen mehr denkenden Menschen auf der Welt als jenen Fabian Plank. Ich vermute, dass das Leben Fabian Plank keine Schaukel angeboten hat, als er noch ein kleiner Hosenmatz war. Warum ich das vermute, kann ich nicht wirklich in Worte fassen. Man munkelt manches im Städtchen. Dass er schon dieses oder jenes Leid erlitten habe. Aber in unserem Städtchen munkelt man ja leidenschaftlich gerne, sobald einer etwas Besonderes ist, und zeigt schon mal gar nicht verstohlen mit den vor Neid kurz geknabberten Fingernägeln auf die Betroffenen.

Ich vermute weiterhin, dass das Leben Fabian Plank auch nicht mit Bonbons überschüttet hat und ihm nie einblies, er sei etwas ganz Besonderes und könne alles schaffen. Das macht ihn frei – und daher ist er froh. Auch wenn er gar nicht häufig lacht.

Ich habe meine überaus begehrenswerte Gattin dann später befragt, ob sie zu Nikolaus so eine hundeteure, winzig kleine *Céline*-Handtasche haben möchte. Mit ihren Brüsten bin ich ja sehr zufrieden.

# WIR HAM JA NÜSCHD

Was ich alles so nicht habe, merke ich gerade. Ein Auto habe ich zum Beispiel nicht. Ich weiß nicht, wie viele Männer noch kein Auto haben. Ich kenne keinen.

Als Gegengewicht zu keinem Auto habe ich übrigens kein gigantisch überdimensioniertes Geschlechtsteil. Das sind doch bloß Legenden.

Ich kenne, um diesen Legenden mal entschieden entgegenzutreten, im Norden dieses in Teilen schönen Landes einen Mann mit heraushängendem Hang zu sehr schnellen Sportwagen und einer speziell für ihn designten *Ducati*. Dieser Mann hat trotzdem Kinder. Die ihm, so sagt man, ähnlich sehen.

Kein Auto hab ich nicht, weil ich so gern mit anderen fahre. Vor allem mit meiner wunderbaren Frau. Die kann beim Autofahren gleichzeitig rauchen, einen schönen Milchkaffee trinken, das Hörbuch einlegen – und findet doch die Abfahrt. Also, meistens. Ich finde das beruhigend, mein Leben ist schon aufregend genug.

Auch eine Stereoanlage nenne ich nicht mein Eigen. Früher hieß das so. Weil ich keine habe, weiß ich natürlich nicht, wie so was heute heißt. So ein Gerät zur Wiedergabe von Tonträgeraufnahmen eben, mit Diamantnadel für die Plattenrillen. Hab ich nicht. Brauch ich nicht. Denke ich. Auch ich lege natürlich gern mal eine Tanzkassette ein und gehe mit dem Beat. Aber dazu muss es ja nicht meine Anlage sein. Ich bewundere Menschen sehr, die sich über die Dimension ihrer Stereoanlage definieren. Die haben was zum Festhalten, wenn das Leben wieder mal Erdbeben spielt. Das hab ich nicht und fühl mich dabei wohl.

Ich habe keine Möbel. Nicht ein Stück. Den reichlich verschrammelten Tisch, den mir mal einer überlassen hat, den lasse ich zurück, wenn ich dann gehe. Mein leichtes Gepäck, das mag ich sehr. Die Bücher muss ich noch verschenken und den Wein austrinken. Dann kann kein Erbe einen Streit auslösen, wenn erst der schwarze Vogel mit mir um die Wette fliegt.

Ich habe keine Festival-Erfahrung und keinen Fernseher, keine veganen Freunde und wenig Feingefühl. Ich habe kein volles Haar mehr und dicke Arme habe ich noch niemals gehabt. Ich habe keine Uhr um, schon seit so vielen Jahren. Ich habe keinen Spoiler an meinem Auto, weil ich kein Auto habe, und keinen innen beleuchteten Aschenbecher. Wenn ich es bei Außenlicht betrachte, bin ich ein furchtbar armes Schwein.

Ich habe keine Lust auf Tee aus dünnen Tassen; vielleicht kommt das im Alter noch. Ich habe immer dann keine Kugel im Lauf, wenn die Umstände den schnellen Tod eines Motzkisten entschuldigen würden, weil ihm das Wetter zu heiß oder die Suppe zu dünn oder Gott gerade wieder nicht gerecht genug ist. Ich habe noch nicht einmal eine Abneigung gegen Menschen, die frühmorgens angewärmtes Wasser oder einen grünen Smoothie trinken. Sie sollen ihr fragwürdiges Vergnügen haben, auch wenn den Kindern in der Dritten Welt damit nicht nachhaltig geholfen ist. Ich habe keine Fußball-Aversion, obwohl es doch zurzeit sehr in ist, eine ausgesprochene Fußball-Aversion und Mitleid mit dem Regenwald zu haben.

Ich habe, jetzt kommen wir zu den ärgerlichen Dingen, keine Hängematte. Ich hätte gerne eine Hängematte und verurteile daher alle Hängemattenbilder in sozialen Netzwerken aufs Schärfste. Ich habe keine Bahncard 100 – und auch diese hätt' ich furchtbar gern. Weil ich doch kein Auto habe. Ich kenne keinen anderen Mann, der auch kein Auto hat und so gerne wie ich eine Bahncard hätte, die ihn an jeden Ort bringt. Was mich sehr einsam macht. Ich habe – und ich kenne keinen Mann und keine Frau, denen das genauso geht – nicht einmal etwas einzuwenden gegen die Zugbegleiter der *Deutschen Bahn*. Ich find die wirklich alle nett.

Ob ich denn gar nichts habe, fragt ihr mich.

Doch, doch. Ich habe herrlich einen an der Waffel.

# ALOIS NEBEL

Die Bundesprüfstelle für jugendgefährdende Medien wird dieser Tage sechzig Jahre alt. Das Altvatergebirge hingegen ist bedeutend älter. Es bildete sich, das Gebirge mit dem malerischen Namen, aus zwei Gneisauswölbungen.

Das Wort *„Gneisauswölbungen"* kommt mir gerade jetzt, da die ersten Herbstnebel uns feuchtkalt unter die Röcke wehen, sehr recht. Es leitet sich einerseits streng wissenschaftlich her, ist aber auch auf eine unverhohlene Art herrlich sexistisch und wärmt mir das Blut.

Immer wenn es Herbst wird, umfasst mich eine Sehnsucht nach wärmenden Worten. Im heißen Sommer, dem leichten Mädchen unter den Jahreszeiten, wenn die Hosen kurz sind und schnell fallen mit einem gut gekühlten Cocktail in der Hand, im Sommer braucht es keine Worte. Da reicht ein kurzes Nicken mit dem Kopf und wir verschwinden liebestaumelnd hinter der Strandbaracke. Füllt aber erst das tief stehende Herbstlicht die Falten der alten Frauen auf den unendlichen Kartoffelfeldern Brandenburgs mit dem Gold der letzten Tage, dann ist mir nach Worten, die mich sättigen.

Jaroslav war es, der mir vom Altvatergebirge berichtete. Dort spielt die berührende Geschichte von Alois Nebel, einem Bahnwärter, der die Einsamkeit liebt und die Lektüre von Fahrplanbüchern. Jaroslav hat sie geschrieben, die Geschichte, und war vom Erfolg überrascht. Dann wurde ein Film daraus. Fünf Jahre haben sie daran gearbeitet, genauso langsam, wie die Züge fahren, die für Bahnwärter Nebel so wichtig sind. Dreiundvierzig Kilometer in der Stunde und später, nach der Modernisierung der Strecke, fünfundvierzig. Ob jemand den Film sehen wollte, war weniger wichtig, als dass er gut wird. Eine Einstellung, die immer seltener wird.

Dann war er gut und alle wollten ihn sehen. Einundsechzig Festivals im In- und Ausland, Europäischer Filmpreis, Oscar-Nominierung. Der nette Jaroslav ist daraufhin so abgehoben wie eine Straßenwalze unter dem Einfluss eines lauen Lüftchens. Kein bisschen halt. Lieber zieht er mit mir durch die Straßen meiner Stadt, staunt und erzählt, wenn er beim Staunen grad mal Pause macht, von seinen Sudeten. Merkwürdig klingt mir das Wort im Ohr. Vertreibung verbinde ich mit den Sudeten, er aber kräutrige Wiesen, durch die er als Kind wohl mit nackten Füßen getobt ist. So fallen sie auseinander, die Worte, weil Menschen Worte missbrauchen und besetzen für ihre schmutzigen Zwecke.

Nach Altväter Sitte, kommt mir in den Sinn und eine wilde Sehnsucht packt mich nach Dingen, die verloren gingen. Nach Anstand, nach Wohlverhalten, nach sorgsamem Umgang. Mag sein, dass es das nie gab. Mag sein, dass sich im Recht wähnende alte Männer schon immer mit ihren knochigen Zeigefingern die Luft durchbohrten und einen sauren Atem hatten. So wie ich das neulich wieder sah bei einer Diskussion; ich weiß schon gar nicht mehr, um was es da ging. Wir haben den Respekt voreinander abgegeben an Bundesprüfstellen voller grauer

Gestalten. Die prüfen nun unser Leben und legen fest, ob ein nackter Busen Kunst ist oder Gefahr.

Mit Jaroslav war es schön. Wir tranken bereits am Morgen ein Bier und waren uns der Gefahr nicht bewusst. Auf den Praded will er mit mir steigen, eintausendvierhundert Meter hoch. Dann werden die Grauen unten ganz klein.

# TTIP TOP

Ich habe in aller Regel nichts gegen Landwirtschaftsminister. Aber ihre Namen mag ich mir einfach nicht merken. Wir können, so ließ neulich der derzeit gerade aktuelle bundesdeutsche Landwirtschaftsminister verlauten, dessen Namen ich mir nicht merken will, wir können in Zukunft nicht mehr jede Wurst schützen. Wäre er vietnamesischer Herkunft, der Agrarminister, ganzkörpergelähmt oder wenigstens bekennender Kokain-Konsument wie einst der Schröder Gerhard, dann könnte ich mir seinen Namen sicher leichter merken.

Das mit der Wurst, die nicht zu schützen ist, macht mich – wie so vieles – nicht besonders traurig. Wenn die Zeit gekommen ist, heißt es für Würste, zu gehen. Meine zahlreichen veganen Freunde sehen das naturgemäß anders. Nie würden sie ihre mit Naturgräsern gebleichten Beißerchen in eine feine Rauchwurst schlagen, sich aber jederzeit schützend über dieselbe werfen. Denn alles, was das Universum hervorbringt, hat ein Recht auf zärtliche Zuwendung und allumfassende Geborgenheit. Auch das Böse.

Der Herr Minister hat das mit der zukünftig nicht mehr schützbaren Wurst gesagt, weil doch jetzt das Freihandelsabkommen kommt. Das heißt TTIP. Ist es erst mal da, das TTIP-Abkommen, dann ist das Abendland am Ende. Weggespült wird es von einer gewaltigen Woge original Frankfurter Äpplwoi aus Pennsylvania. Der bis dato ebenso köstliche wie geschmacklich unverwechselbare holländische Gouda wird demnächst von einer schwarzhäutigen Antje in gefälschten Plastikholzschuhen von der Central Station in die bundesdeutschen Reihenhaussiedlungen gerollt. Und den guten Tiroler Speck gewinnen wir ab sofort aus den fetten Schenkeln genmanipulierter Biber aus kanadischer Aquazucht. Längst haben US-amerikanische Kulissenmaler riesige Rugenwalder-Muhlen-Landschaftsattrappen in die Wüste Nevadas gezaubert. Und genau dort, in der Wüste Nevadas, wird im Sonnenuntergang von lederbehosten Komparsen mit lustigen Karohemden aus im beißenden Gummirauch brennender Autoreifen schonend geräuchertem Bison-Kot und grob gemahlenem Betonstaub die in unseren Breiten so beliebte Rügenwalder Wurst täuschend echt nachgepresst. Selbst mehrfach zertifizierte bundesdeutsche Wurstexperten konnten in Doppelblindversuchen bis heute keinerlei gustatorischen Unterschied feststellen.

Dann … dann geht das Abendland womöglich gar nicht unter? Dann ist beim köstlichen Parmaschinken von *„Feinkost Albrecht“* für 4,99 das Kilo womöglich nur ein kleines *H* verloren gegangen beim Texten? Und der zusammengeklebte Genklumpen ist in Wirklichkeit nicht luftgetrocknet, sondern das völlig widerwärtige Produkt einer pervertierten Pharmaindustrie? Östrogengeschwängert wie eine neuseeländische Elefantenkuh Minuten vor der Niederkunft?

Man will das gar nicht glauben. Man hat doch die in den idyllischen Industriegebieten Parmas den lieben langen Tag lang friedlich frische Trüffelpasta verzehrenden kleinen Schweinchen förmlich vor Augen. Wie sie sich mit einem freudigen Quieken ganz von alleine in den Rauchfang hängen und ihrer langsamen Reifung schwänzchenwedelnd entgegenfiebern.

Wir sollten uns vor manchem fürchten in diesem Land. Vor der emotionalen Eiszeit, die sich beim Kampf um den letzten freien Elternparkplatz vor dem *EDEKA*-Markt manifestiert. Ebenso wie vor den tödlichen Folgen einer kerngesunden Lebensführung. Denn die Statistik lügt nicht. Statistisch sterben wir nämlich alle. Auch die stets etwas vergrämt guckenden Genuss-Verzichter und Selbstkasteier und Starkregenjogger, die ihren unschuldigen Kindern weismachen wollen, dass Bircher Müsli mit Birkensaft einem daumendick mit Butter unterlegtem *Nutella*-Brötchen vorzuziehen sei. Bis die lieben Kleinen dann eines Tages mit gezückter Rasierklinge einen Schokoladenladen überfallen und die ganze Wahrheit schmecken.

Ich will von Menschen ohne Angst umgeben sein. Von Menschen, die sich unbesorgt Aluminiumsulfate in die Achselhöhlen schmieren und ihrem Stuhlgang fröhlich gute Fahrt wünschen, anstatt ihn wegen der seltsamen gelben Einsprengsel furchtsam anzustarren. Maiskörner sind für den menschlichen Darm halt weitgehend unverdaulich.

# EDEKA

Gerne schlendere ich in meinen freien Stunden durch die anregende Warenwelt eines örtlichen *EDEKA*-Marktes. Säuberlich aufgereihte Schokoladenriegel beruhigen meinen vom Alkohol des Vorabends und den Weltproblemen aufgewühlten Verstand und geben mir auf wundersame Weise verlorenes Vertrauen in die Menschen zurück. Schon beim Einschwenken auf die liebevoll gestalteten Parkierungsflächen scheinen mir selbst dunkeläugige Dschihadisten mit ihren gezückten Maschinenpistolen weit weniger bedrohlich. Gott selbst hat mit Überblick und Sachverstand diesem Parkplatz eine Ordnung gegeben, die sich von ein paar Tausend aufgebrachten Wüstenkriegern nicht erschüttern lässt. Was sind schon zweiundsiebzig himmlische Jungfrauen, die den muslimischen Selbstmordattentäter erwarten, gegen die säuberlich aufgepinselten Trennlinien, welche Parkbucht von Parkbucht abgrenzen? Der Trost, der von den fein geschwungenen halb transparenten Einkaufswagenbedachungen ausgeht, kann ohne Übertreibung als ein universeller bezeichnet werden. Alle Lügen, alle Feindseligkeiten, sämtliches in den gefrorenen Schützengräben Flanderns versickertes Blut würden abtropfen an diesen Dächern aus nicht verrottbarem Plexiglas. Wenn dereinst die Menschheit fast ausgelöscht ist, weil im NATO-Hauptquartier eine von Friedensaktivisten eingeschleuste schwarzafrikanische Reinigungskraft, statt die Aufmarschpläne zu vernichten, mit ihrem aus seltenem Tropenholz handgefertigten Staubwedel den roten Knopf gedrückt hat, wenn die Quallen aus den Meeren entsteigen und gemeinsam mit der ihnen an Intelligenz ebenbürtigen sächsischen NPD die Weltherrschaft übernehmen, dann werden diese sanft gewellten Dächer der letzte Zufluchtsort für die wenigen verbliebenen Menschen sein, die träumend vor einem Stapel Feinwaschmittel den Atomschlag überhört haben. Wer hat noch Angst vor Ebola, wenn sich sein Fahrrad an einen himmelblauen Pfosten anschmiegt, mit diesem durch ein massives Bügelschloss verbunden, das selbst versierten Mechaniker-Händen aus den benachbarten Ländern widerstünde? Weit entfernt wirken die Wirren des politischen Alltags, die Sorge um Korruption und Kungelei, sobald sich die gläsernen Schiebetüren geräuschlos auseinanderschieben wie die Lippen der Liebsten in Erwartung einer leidenschaftlichen Umarmung.

Mit einem für alle anderen unsichtbaren Augenaufschlag blinzelt mir Frau Krause zu, mein schönes Mädchen von Kasse zwei.

Vielleicht ist es auch das flackernde Neonlicht, das sie blinzeln lässt, aber ich fühle mich wohlig eingehüllt in den Gedanken, dass die Tränen von Freude ausgelöst sind und nicht vom beißenden Geruch aus den Jogginghosen, die an ihrem Warenband vorüberziehen.

Als Erstes treffe ich auf das Gemüse. Es ruft mir leise zu: *„Fass mich an. Reibe meine Schale. Prüfe mit festem Fingerdruck meine Reife. Dringe mit deinen scharfen Zähnen tief in mich ein. Reiße wie ein wildes Tier Stücke aus mir heraus und denke beim Schlucken dran, dass Hunderte vor dir mich auch schon so angefasst haben.“*

Am Joghurtstand möchte ich tanzen. Rechtsdrehend wie all die vergorenen Kulturen in den schillernden Bechern vor meinem explodierenden Hirn. Jetzt ist Disziplin gefragt. Ich kühle mein pochendes Herz mit delfinfrei gefangenem Tiefkühldorsch. Lasse meine geliebte Rügenwalder Wurst links liegen und steuere mit sicherem Tritt auf die Haushaltswaren zu.

Immer wieder ist es die Vielzahl an Müllsacksorten, die mich noch aus der tiefsten Depression ans warme Licht der Glückseligkeit katapultiert. Schmerzhafte Trennungen, der Verlust meines Laptops oder ein unachtsam verschüttetes Bier sind leidvolle Erfahrungen, doch hier – zwischen Glitzi-Schwamm und Einmachglas – finde ich die Freude am Leben stets wieder.

Ein letzter Weg führt mich hinaus aus diesem Kosmos, vorbei an Kasse zwei. Nur ein sehr junges Mädchen hemmt noch meinen Lauf. Sie hat ein wenig Korn, zwei Flaschen Braunen und eine bunte Sammlung Alkopops in ihrem Korb und leider keinen Ausweis mit, der Frau Krauses Bedenken mindern könnte. Doch die Jugend ist ja um nichts verlegen. Freudestrahlend zieht sie einen Brief aus der vom gewaltigen Gesäß straff gespannten Tasche. „Hier, eine Vorladung von der Polizei, da steht mein Geburtsdatum drauf."

Frau Krause lächelt das junge Ding versöhnlich an. Auch ich möchte sie drücken und herzen und ihr alles erdenklich Gute für die Zukunft wünschen. Wenn sie erst mal Tierärztin ist oder im Vorstand eines Energiekonzerns, dann zahlt sie sicher meine Rente.

Ein guter Ort, gleich morgen komm ich wieder.

# DIE NÄCHSTEN NUDELN SCHMECKEN NACH FIT

Ich möchte von einem Mann berichten. Ich möchte vom ersten Mann berichten, den ich je beim Ausspülen einer soeben entleerten Shrimps-Tüte sah.

Der Mann, den ich bei diesem ungewöhnlichen Tun beobachtete, spülte hingebungsvoll in Sichtweite seines nur notdürftig abgewischten Küchentisches, an dem ich mich vertrauensvoll niedergelassen hatte, die Reste unseres gemeinsamen Abendbrotes weg. Der Versuch, das Nudelsieb mit *fit*, dem ostdeutschen Spülmittelwunder, zu füllen, misslang. Allein, das verdross den braven Mann wenig. Tief versunken in seine reinigende Funktion, spiegelte er sich keck in den blitzenden Tiegeln und Töpfen, tippelte tanzend über das reichlich abgelebte Linoleum und ließ, soweit es sein Alter erlaubte, die Hüfte lasziv zwischen seinem und dem Spülbecken kreisen. Selten sieht man einen Mann so voller Seele beim Verrichten von Hausarbeiten. Ich stellte mir vor, wie er swingend staubsaugt, halb nackt unter seiner hinten herum nicht ganz schließenden Schürze. Mir wurde etwas schwindelig. Schnell nahm ich einen großzügig bemessenen Schluck *Elephant*-Bier, ein Starkbräu, das die Zeitspanne bis zur Nachtruhe aufs Angenehmste zu verkürzen in der Lage ist.

Dann geschah das Merkwürdige. Ich hatte schon von Frauen gelesen, die Thunfischdosen ausspülen, damit der Gelbe Sack nicht so müffelt, dies aber stets ins Reich der urbanen Legenden abgetan. Wie die regelmäßig durch die bunten Gazetten geisternde Todesspinne, die es in einer Bananenkiste aus Südamerika bis in den Eppendorfer Bio-Discounter geschafft hat, um dort eine schwäbische Metzgerstochter zu erschrecken. Nun aber wurde ich eines Besseren belehrt. Hier frönte tatsächlich ein gesund wirkender Mann dem Hygienewahn. Keine Frau, denen man es ja mittlerweile nachsieht, wenn sie selbst im Sterne-Restaurant den mit Glacéhandschuhen eingesetzten Platzteller mit Hilfe eines aus der schrankwandgroßen Handtasche gezauberten Feuchttuchs desinfizieren. Nein, ein Kerl. Ein bekennender Stehendpinkler, der bei *Broiler-Eddi* die fettigen Pommes mit hörbarem Vergnügen direkt vom schmuddeligen Tresen isst.

Mit einer kraftvoll sprudelnden Wasserfontäne, in der Menge ausreichend, um bei Dubai blühende Reisfelder anzulegen, jagte er die der Plastikverpackung anhaftenden Geruchsmoleküle tief in den bedrohlich gurgelnden dunklen Schlund des Abflussrohres. Selbst der feinsten Geschmack versprechende Werbeaufdruck eines weltbekannten Fischfang-Imperiums löste sich unter dem ungeheuren Wasserdruck von der Trägerfolie. Gründlich wurde das Werk verrichtet, bis nichts mehr an dieser Tüte nach den entdarmt auf dem Hackbrett ihrer Endlösung entgegendämmernden Shrimps roch.

Wie von einer großen Last befreit wirkte nun der Mann. Mit nahezu zärtlich wirkenden Handstrichen faltete er die gereinigte Verpackung auf Briefmarkenformat zusammen und versenkte sie, der Urne eines geliebten Menschen gleich, in der Wertstofftonne. Die angenehm nach gesalzener Erdnussbutter duftende Freundin des Mannes hatte den Vorgang mit einer Mischung aus Unglauben und Faszination verfolgt und mir dabei unter dem Tisch per Kniezeichen verstohlene Fragen gestellt.

Nichts deutete im weiteren Verlauf des durchaus heiteren Abends auf das Geschehene hin. Wir tranken uns diszipliniert durch die ordnungsgemäß eingekühlte Bierauswahl, speisten in mehreren Gängen vorzüglich und gewährten der Nacht bei einer dicken Havanna schließlich Eintritt in unsere Herzen.

Wir haben über die Angelegenheit nie wieder geredet und sie hat sich, soweit man hört, auch nicht wiederholt. Der Schrecken über diese absurde, kafkaeske Verwandlung aber sitzt mir bis heute wie eine im Todeskrampf festgebissene Ratte in meiner Nackenfalte.

# LEDERFEDERMÄPPCHEN

Liebe Freunde im fernen Mönchengladbach zogen kürzlich um. Vor etwa zwei Jahren muss das gewesen sein. Nicht, dass ich geholfen hätte. Der Schrei nach Hilfe handwerklicher Art prallt an mir ab wie Wassertropfen auf dem großzügig eingeölten kakaobraunen Körper einer brasilianischen Laufstegschönheit. Wenn ich überhaupt mal irgendwem helfe, dann nur mit dem Kopf. Kopfhilfe kann ich gut. Das fällt mir leicht. Deswegen nehme ich dabei leider auch nicht ab.

Jetzt aber, jetzt ist die Zeit gekommen, wo Kopfhilfe allein nichts mehr bewirkt. Jetzt ist die Zeit für Kopfnüsse reif. Kopfnüsse waren einst schwer in Mode. Sie haben nicht die den Getroffenen von der weiteren Teilhabe am Geschehen häufig ausschließende Gewalt einer Baseball-Keule. Im tiefen Inneren bargen Kopfnüsse etwas Sanftes. Liebevolle Zuwendung mit Nachdruck. Das ist ja verboten heutzutage. Verpönt, verfemt. Als Bettina Wegner von den kleinen Händen sang, auf die doch nicht geschlagen werden darf, da haben wir vor Schreck die Hände gleich im Ganzen weggezogen. Keine Hiebe und wenig Liebe scheint mir die neue Formel der vor Angst erstarrten Herzen. Und so darf der feiste Jérôme Müller im Flug von Palma nach Frankfurt am Main, bei *EDEKA* am Warenband und natürlich auch im Zahnarztwartezimmer schreien, toben, tosen, die ausliegenden Heftl zerreißen, die Schnipsel am Boden rumschmeißen, mit seinen kleinen spitzen Zähnchen Schweinespecktüten aufbeißen und den bösen Herrn Doktor aber mal so richtig ordentlich anscheißen. Weil die Eltern des Terrorbengels sich längst von der Verantwortung verabschiedet haben. Wer die jetzt übernimmt, ist ihnen egal. Sie schalten den Fernseher an und sehen Jérômes über Jérômes ab morgens um neun in billigen Studios auf vor Geilheit, Gier und Geifer abgewetzten Sofas sich gegenseitig als *Wichser*, *Schlampe*, *Tussi* und *Hurenbock* bezeichnen, obwohl sie selbst noch nie bei einer echten, großen, wunderbaren, wohlriechenden Hure gelegen haben vor lauter Angst, dass die sie auslacht.

Und wird aus dem niedlichen Wirbelwind durch reichlich Nahrungszugabe eines Tages dann ein großes Müllertier, dann ist er einer unter einer Million Müllers und will doch nur endlich wahrgenommen werden. Raus, raus aus dem frostschwarzen Schatten der Nichtbeachtung durch seine ignoranten Eltern. Da hilft ein Geschrei, ein Transparent und gerne auch mal eine Keule. Egal, aus welchem Lager. Was gerade da ist, ist schon recht. Einmal Bedeutung haben, einmal ein Star sein, nur eine Viertelstunde lang. Irgendetwas hinterlassen. Und wenn es ein zerbrochener Schädel ist. Durch einen Stein, von eigener Hand geworfen. Wie wunderbar der flog. Wie lang die sanfte Bahn durch eine sternenklare Nacht sich zog. Einem Kometen gleich. Einmal etwas bewirkt haben, was unauslöschlich ist.

*„Todesstrafe für Andersdenkende“* schreiben sie in krakeliger Schrift auf ihre stumpfen Autoscheiben. Da muss nicht mal der Stein selbst aufgehoben werden. Dann soll der Staat, dann muss der, dann wird der Staat gezwungen, das für uns zu tun. „Denn wir werden immer mehr“, ruft

Jérôme Müller und versinkt mit diesem Schrei sogleich wieder im Brei.

Zieht ihn da raus. Und gebt ihm eine kleine Kopfnuss. Nicht allzu fest, nur grade so, dass er sich spürt. Er ist ein Mensch.

Die Freunde im fernen Mönchengladbach sind keine Müllers. Die beiden haben Ärsche in den Hosen, dass es brummt. Sie leben wild, sie leben gut. Man kann sie deutlich spüren, wenn sie atmen. Und doch sind sie tief innen drin so fein und filigran, dass sie zwei Jahre nach dem Umzug ihre Umzugshelfer nach einem verlorenen Lederfedermäppchen fragen, um Dinge aufzuschreiben, die sie mögen. Das mag ich sehr.

# SCHÖN IST DAS NICHT

In der Liste der scheißigsten Weihnachtsgeschenke hat sich in den letzten Jahren unbemerkt ein kleines, äußerlich unscheinbares Gerät nach vorne geschoben wie ein stark wuchernder Scheidenpilz.

Natürlich bin ich mir als gesamtgesellschaftlicher Verantwortungsträger mit kulturellem Grundauftrag der Gefahren und Risiken bewusst, die von der gewagten Alliteration *Scheiße* und *Scheidenpilz* ausgehen. Gerade im ersten, also quasi Eröffnungssatz eines Textes, von dem Menschen in dieser emotional aufgeheizten Zeit sich sicher Abkühlung erhoffen.

Doch da ich für ein noch so magersüchtiges Wortspiel den Fuchspelz meiner 91-jährigen Mutter, von der ich an dieser Stelle herzlich grüßen soll, den Fuchspelz meiner Mutter also zum städtischen Pfandleiher bringen würde, werfe ich Ausscheidung und Frauenkrankheit mit einem frohen Halleluja wie glühende Sternschnuppen der Literatur an den christlichen Abendhimmel. Was auch immer davon herunterfällt, möge die Bedürftigen treffen.

Als einst noch der praktische Allesschneider, die schnittige Küchenmaschine und schließlich das moderne Koch-Tablet mit Tausend Tipps zur molekular-genetischen Behandlung von Hammelhoden – übrigens eine armenische Köstlichkeit, ähnlich zubereitet wie die beliebte peruanische Alpakazunge –, als einst also all diese nützlichen Haushaltshelfer ein lautes „Ah!“ und „Oh!“ unterm Baume ertönen ließen, da war Vatis Welt noch heil. Völlegefühl,

Flötenspiel und der von bissigen Bemerkungen zur richtigen Zubereitung einer Ofengans begleitete Schwiegermutter-Besuch am ersten Feiertag rundeten das Fest der Feste ab. Wenn der Magen dann brodelte wie ein Kessel voll brackiger Ursuppe, war Zeit für Schnaps. Dann schlafen mit Geräusch. Schön war das nicht. Dann aber, dann hat Mutti sich emanzipiert. Der *Zalando*-Bote, der doch immer ein bisschen mehr Zeit hatte, als es uns die Werbung glauben machen will, der hat ihr Selbstbewusstsein ganz erheblich gestärkt. *Zalando*-Boten sind die Tennislehrer der Unterschicht. Das Schreien der Damen hat dabei wenig mit neuen Schuhen zu tun. Gut, das verwackelte Video von Vatis Thailand-Reise, auf dem er kleine Kinder vom Fahrrad schubst und glücklich grunzend am Sattel schnuppert, das hat seinen Teil zur Befreiung beigetragen. Also hat sie sich quasi selbst gentrifiziert, ihr über die Jahre etwas in Unordnung geratenes Schamhaarviertel durch eine Radikalschur grundhaft saniert und dabei einen teuflischen Plan elaboriert. (Das reimt sich. Heißt soviel wie *entwickelt*.)

So also lag unterm glitzernden Baum – gleich neben der elektrisch beleuchteten Pfeffermühle, auf deren unsachgemäßen Gebrauch sich Mutti im Zusammenhang mit weiteren Besuchen des *Zalando*-Boten schon mordsmäßig freute – eben jenes kleine, unscheinbare Päckchen. Als Vati es in Erwartung eines weiteren Haarwassers, das er zur Not halt auch aussaufen könnte, geöffnet hatte, war sein Erstaunen kein geringes.

In der zitternden Hand hielt er seinen ersten Nasenhaartrimmer. Schön war das nicht.

Der Nasenhaartrimmer, mit dem sich auch aus den Muscheln heraussprießendes Ohrhaar trefflich stutzen lässt, ist das heruntersausende Damoklesschwert des alternden Mannes. Bevor du in deinem verpfuschten Leben je einen Nasenhaartrimmer benutzt, bist du als Mann schön, attraktiv und begehrenswert. Egal, wie dick du bist, egal, wie kahl dein Kopf. Das dir genehme Geschlecht giert nach deiner körperlichen Zuwendung wie der Mops nach der Wurst.

Sobald du trimmst, ist alles aus. Sätze wie *„Führen Sie die Schneideeinheit des Geräts vorsichtig in ein Nasenloch ein“* legen sich wie nie trocknender Estrich auf deine Männlichkeit und lassen sie final erschlaffen. Niemals wieder wirst du die Freude des Beiwohnens spüren. Sie wird durch betreutes Wohnen abgelöst und in einer gar nicht weit entfernten Amtsarztstube tippt die beste Freundin deiner Frau schon deine Einweisung ins Hospiz. Während deine junggebliebene Alte sich Kürbisjoghurt mit ganzen Früchten anrührt und die *Viagra*-Aktien in die Knie gehen, dämmerst du salzstangenselig mit angewärmtem Malzbier vor Carmen Nebel atemlos durch den Nachmittag. Du musst schon Hakenkreuze an eure Hauswand malen, um überhaupt noch neue Freunde zu gewinnen. Du bist jetzt das Furunkel am Hintern der Menschheit.

Noch einmal blätterst du mit schwacher Hand in der Gebrauchsanleitung, soweit die tränenschweren Augen das erlauben. Kann man auch hinten, unten rum die Haare …?

Ja, man kann.

Schön wird das nicht.

# EIN GUTES JAHR

Das Jahr vergeht. Ich wein' ihm keine Träne hinterher. Was soll ich auch? War ja ein gutes Jahr. Ich sah den Vater geh'n und es war gut. Denn frei gehen können, bevor zu bleiben eine schwere Last, ist gut. Auch ich bin viel gegangen in diesem letzten Jahr. Noch immer hab ich keinen Führerschein. So schob ich denn mein Fahrrad durch das Jahr und packte mir wie stets das Körbchen voll.

Die Früchte sind gereift trotz allen Greinens, dass der Sommer wieder mal kein Sommer war. Das war er doch. Ich habe mich gebräunt auf allen meinen kleinen Fahrten. Blass blieben die, die viel zu viel erwartet haben. Der Sommer soll sie schön von innen machen, hatten sie gehofft. Von außen machten Schminke es und Antifaltencreme. Sie blieben blass, von innen wie von außen, weil sie auf fremde Hilfe hofften. Der Sommer ist so schön, wie wir ihn wollen. Das Jahr so gut, wie wir bereit sind, das Gute zu empfangen. Die Schminke blättert nach der Nacht und Antifaltencreme ist eine dreiste Lüge. Ich hab es lange ausprobiert.

Ein weit'res Jahr wird kommen, es bahnt sich bereits an. Raketen werden eingekauft, es böllert seit der Heiligen Nacht. In stillen Stunden denke ich bei mir so insgeheim, das kleine Kindchen, das der Welt geboren, macht vielen Angst. Genauso wie das frische Jahr. Das kleine Kindchen ist fleischgeword'ner Vorwurf unserer Unzulänglichkeit. Daher ist es kein Firlefanz, bei aller Mär. Es ist Symbol und daher stark genug zu mahnen, bisweilen einzuhalten in unsrer Gier nach immer mehr, im ständigen Vergleich mit anderen, im Jammern, dass der Ranzen spannt und doch der nächste Hunger gewiss schon hinter der nächsten Ecke wartet.

So böllern wir dem Kind zum Trotze und dann auch gleich dem blöden neuen Jahr entgegen. Denn alles Neue schreckt uns. Warum kann nicht das Alte bleiben? Wir haben uns so schön daran gewöhnt. Es stinkt ein bisschen ranzig, ja, und hatte hinten raus auch keine Zähne mehr. Na und? Dann gibt es eben nur noch Einheizbrei. Denn kann man zahnlos essen.

Ich für mein Teil erwarte nichts vom nächsten Jahr. Das ist ein schöner Trick. So wird man immer reich beschenkt. Denn alles, was da kommt, kommt unerwartet. Ich hab die Flaschen nicht gezählt vom Jahr, das jetzt verglüht. Und nicht die Zahl der Freunde, mit denen wir sie ausgetrunken. Ich zähle nicht. Auch das macht reich. Ein guter Kaufmann bin ich nicht. Aber als Lebemann bekäm' ich gute Noten. Warum mein Keller trotzdem gut gefüllt ist, verstehen nur die wenigsten.

Ich wünsche euch, ich wünsche uns und allen, die noch zu uns kommen, ein gutes, volles Jahr. Ob ein gewesenes oder eins von denen, die noch vor uns stehen und darauf warten, was wir für sie tun.

# DANKE

Mit großem Dank an meinen wunderbaren Vater. Du machst einen tollen Job da oben als Wolkenschieber.

# DER AUTOR

Axel Krüger, als Saarländer mit einem Baguette unterm Arm geboren, kann – nach eigenen Angaben – im Prinzip nichts. Das allerdings so wortreich wie charmant.

Seit seinem direkten Übergang von der Croissant-Sucht zur Rotweinabhängigkeit pendelt der Dauerläufer zwischen allen Fronten, beleidigt in seinen Kolumnen politisch inkorrekt aufrechte Demokraten und verteidigt vehement das Recht auf Blödheit.

Nachdem sich durch einen Regierungsversprecher im Jahr 1989 die Gelegenheit ergab, zog er vom moralisch verrotteten Freiburg/Breisgau ins ostsächsische Görlitz – eine Stadt, die seiner Sehnsucht nach Behäbigkeit weitgehend entspricht. Mit seinem alten Freund und Bühnenkollegen Mike Altmann liefert er sich dort sensationelle Wortgefechte in der eigenen Lesebühne *„Hospitalstraße“* und bereitet am Wochenende aufwendige Abendessen für einen überschaubaren Gästekreis zu.

Krüger verfügt über ein mehrfach gefaltetes japanisches Küchenmesser und ein hartnäckiges Doppelkinn.

REKLAME MUSS AUCH SEIN ...

**Mike Altmann „SOLO" – ISBN: 978-3-943451-17-7**
**Axel Krüger „ALBUM" – ISBN: 978-3-943451-18-4**

**Ab sofort für je 10,00 Euro**
**überall im Buchhandel erhältlich.**

Weitere Infos unter: www.zwiebook.de

FRANK GOLDAMMER

# DREISSIG GRÜNDE, MIT DEN HAAREN ZU KNIRSCHEN UND SICH DIE ZÄHNE ZU RAUFEN

Ist es nicht furchtbar? All diese Sorgen jeden Tag! All dieser wiederkehrende Krimskrams, der Ihnen die Lebensfreude raubt!

Erschöpft fallen Sie jeden Abend auf die Couch und wenn man Sie fragt, was denn so schlimm sei, dann wissen Sie sich gar nicht auszudrücken. Denn es ist alles und doch nichts. Kinder, Arbeit, Urlaub, Verkehr, Rentner, Nachrichten, Telefon …

Ist es nicht herrlich, dass jemand da ist, der sich die Zeit nimmt und mit spitzer Feder beschreibt, was Sie tagtäglich auslaugt?

Frank Goldammer verschafft Ihnen ein Ventil. Er zeigt: Sie sind nicht allein! Und er sagt Ihnen, wie man mit schwarzem Humor alles überstehen kann.

*Alltagssatire*
*ISBN: 978-3-943451-20-7*
*Preis: 10,00 Euro*

FRANK GOLDAMMER

# ACHTUNG!
# KANN SPUREN VON ZYNISMUS ENTHALTEN!

Bei einigen Dingen im Leben braucht es mehr als eine spitze Zunge. Manches kann man nicht mit ein wenig Satire abtun. Da muss etwas Handfesteres her. Und gelegentlich auch etwas Gemeineres. Denn im Stillen sind wir doch alle ein bisschen böse und denken Sachen, die man besser für sich behält. Zum Beispiel über die Kinder anderer Leute. Und die Eltern anderer Kinder. Und über den Nachbarshund. Über ewige Elternabende oder den Politiker von nebenan. Manchmal will es eben raus, aber es darf nicht. Doch nun gibt es etwas! Dieses kleine Buch, in dem die Satire manchmal über die Stränge schlägt und den Alltag ein bisschen weniger grau erscheinen lässt. Mit einem breiten Lächeln auf den Lippen …

… na ja … und jeder Menge Alkohol.

*Alltagssatire – jetzt noch satirischer*
*ISBN: 978-3-943451-21-4*
*Preis: 10,00 Euro*